어린이 과학 형사대 CSI 특별수사단

천재 과학자 납치 사건

글 고희정 그림 김준영

1

공차심
어린이 형사학교 교장

어수선
어린이 형사학교 교감

김대한 박사
우리나라 최초의
노벨생리의학상 수상자

이요리 (단장, 25세)
CSI 1기 형사.
우리나라 최고의 요리 연구가.
프랑스어에 능통하고, 유럽 정세에 밝다.
뛰어난 머리와 수사력, 냉철한 판단력,
따뜻한 마음씨까지 갖췄다.

한마리 (팀원, 15세)
CSI 3기 형사.
국립형사학교 학생.
생물학과 첨단의학 분야에 뛰어난
지식을 갖고 있으며, 자립심이
강하고 긍정적이며 이해심 깊은
성격이 매력이다.

강태산 (팀원, 15세)
CSI 3기 형사. 국립형사학교 학생.
물리학과 첨단기술 분야에
뛰어난 지식을 갖고 있으며,
잘생긴 외모에 감정 표현을 잘 안 하는
차도남이지만 알고 보면 따뜻하다.

차례

프롤로그. 특별수사단을 파견하라! … 9

1장. 연구 자료 삭제 사건 … 25

2장. WC 수장이 나타났다 … 67

3장. 용의자를 구하라! … 103

세계 각국에서 맹활약하는 형사와 탐정을 배출해 온 어린이 형사학교.
과학적인 전문 지식과 추리력, 관찰력까지 갖춘 아이들을 찾아,
'어린이 과학 형사대 CSI'를 결성한다.
어려운 공부와 힘든 체력 훈련을 받아가며
수많은 사건에 투입된 아이들은
CSI 1기부터 시작해 2기, 3기에 이르기까지
명실상부 우리나라 최고의 형사로 인정받게 되는데…….

프롤로그

특별수사단을 파견하라!

"큰일 났어요! 김대한 박사가 납치됐어요!"

갑자기 한 여자가 만찬회장으로 뛰어 들어오며 소리쳤다. 프랑스 파리의 한 연회장. 올해 노벨생리의학상 공동 수상자인 대한민국의 김대한 박사와 프랑스의 장 폴 드롱 박사를 위한 축하 만찬이 시작된 지 한 시간쯤 지났을 때였다. 일순간, 만찬회장은 혼란에 빠졌다.

"김대한 박사가?"

"납치라니? 정말이야?"

"누가, 왜?"

드롱 박사도 놀라 물었다.

"경호원, 경호원은 뭐 하고?"

사람들이 당황하여 우왕좌왕하는 가운데, 프랑스 주재 한국 대사관의 차영훈 공사가 여자에게 달려와 물었다.

"납치 현장을 직접 본 겁니까? 어디서 봤죠?"

여자는 충격을 받았는지 몸을 바르르 떨며 대답했다.

"아, 아니요. 직접 본 건 아니고, 경호원이 쓰러져 있었어요. 귀빈 화장실 앞에요. 김 박사님은 보이지 않고요."

차 공사는 귀빈 대기실 안쪽에 있는 화장실로 부리나케 뛰어갔다. 관계자들 몇 명도 뒤를 따랐다. 대기실과 화장실 사이의 복도에 김 박사를 경호하던 경호원이 쓰러져 있었다. 드롱 박사가 탄식을 했다.
"맙소사!"
차 공사가 얼른 경호원을 살피며 말했다.
"당장 구급차를 불러 주세요!"
따라온 여자가 황급히 전화를 하는 사이, 차 공사는 주변을 살폈다. 화장실은 문이 열린 채 텅 비어 있었고, 복도 끝에 있는 문도 열려 있었다. 나가 보니 바로 건물 뒤편이었다. 누군가 김 박사를 납치한 뒤, 뒷문으로 도망친 것이다. 드롱 박사가 소리쳤다.
"도대체 누가, 누가 이런 짓을 한 거야!"
김대한 박사는 합성생물학의 권위자로, 인간에게 치명적인 바이러스가 어떻게 변형되는지 밝혀낸 세계적인 과학자. 인류에 치명적인 바이러스를 퇴치하는 데 이바지한 공을 인정받아 올해 노벨생리의학상까지 수상했다.
그런데 대체 누가, 왜 김대한 박사를 납치한 것일까?

경호원이 구급차에 실려 가고 사람들이 다시 만찬회장으로 돌아왔을 때였다.

"저기, 저기 좀 봐요!"

누군가 소리치며 정면의 스크린을 가리켰다. 모두가 놀라 쳐다보니, 스크린에 경고장이 떠 있는 것이 아닌가!

> 우리는 WC, 월드캡틴(World Captain)이다. 과학과 기술이 인류를 멸망에 이르게 하는 것을 막기 위해 조직된 반과학단체다. 우리는 전 세계인에게 경고한다. 과학과 기술을 발전시키는 모든 연구를 멈춰라. 우리의 경고를 무시한다면 과학과 기술의 발전이 인류를 어떻게 멸망시키는지 직접 보게 될 것이다. 경고의 의미로 우리는 방금 노벨상 수상자, 김대한 박사를 납치했다.

* * *

그로부터 한 시간 후, 청와대에서는 대통령과 국무총리, 과학기술정보통신부 장관, 외교부 장관 등이 모인 긴

급회의가 열렸다. 대통령이 근심 가득한 목소리로 입을 열었다.

"범인이 김대한 박사를 납치한 이유가 뭘까요?"

과학기술정보통신부 장관이 대답했다.

"합성생물학은 바이러스의 정체를 파악하고 백신을 만드는 데 꼭 필요한 학문이지만, 그걸 역으로 이용하면 인간에게 치명적인 바이러스를 인공적으로 만들 수도 있습니다. 범인이 김 박사의 연구 실적을 노리고 벌인 일이라면 바이오테러를 계획한 것일 수도 있습니다."

대통령이 깜짝 놀라 소리쳤다.

"바이오테러요? 그렇다면 전 세계가 정말 걷잡을 수 없는 혼란에 빠지게 될 겁니다."

국무총리가 재빨리 대답했다.

"김 박사를 조속히 구해 내도록 하겠습니다."

대통령이 다시 물었다.

"WC의 정체는 알아냈나요?"

외교부 장관이 대답했다.

"외교 라인을 총동원해 알아보고 있는데, 그에 관한

정보가 전혀 없습니다. 신생 테러 조직으로 보입니다."

국무총리가 물었다.

"프랑스에서는 어떻게 대응하고 있나요?"

외교부 장관이 대답했다.

"프랑스 경찰특공대가 현장에 급파돼 수사를 하고 있는데, 우리 대사관의 차영훈 공사가 양국의 대등한 수사를 주장하며 우리 정부에 수사요원을 파견해 줄 것을 요청했습니다."

대통령이 엄숙한 표정으로 말했다.

"김대한 박사는 과학 분야에서는 우리나라 최초의 노벨상 수상자이자, 대한민국 국민입니다. 프랑스 정부에 협조를 구하고, 즉각 CSI 특별수사단을 보내세요. 김대한 박사를 무사히 구해야 합니다. 반드시."

"네!"

국무총리와 장관들이 대답했다. 그리고 잠시 후, 대통령의 명령은 경찰청장에게 전달됐다. 경찰청장은 어린이 형사학교 공차심 교장과 어수선 교감을 경찰청으로 불렀다. 경찰청장이 명령했다.

"과학 CSI 1기부터 3기 출신으로 CSI 특별수사단을 만든다. 임무는 김대한 박사를 무사히 구출하고 WC의 정체를 파악하는 것이다. 알았나?"

"네!"

공 교장과 어 교감이 경례를 하며 대답했다. 우리나라 최고의 형사로 인정받아 왔던 CSI. 중요하고 긴박한 사건인 만큼 그들 중 최고의 정예요원으로 CSI 특별수사단을 만들어야 한다.

* * *

형사학교에 돌아오자마자 공 교장과 어 교감은 특별수사단을 어떻게 꾸릴 것인지 의논했다. 어 교감이 의견을 말했다.

"프랑스 현지에서 수사를 하려면 수사 능력은 기본이고, 프랑스어도 할 줄 알아야 되지 않을까요? 유럽 정세나 지리도 잘 알아야 되고요."

공 교장이 잠시 생각하더니 물었다.

"이요리 지금 어디 있지?"

"맞다, 이요리! 요리가 딱이네요!"

이요리. 과학 CSI 1기 형사. 형사학교를 졸업한 후 프랑스 유명 요리학교에 유학. 현재 우리나라 최고의 요리연구가로 활동하고 있으며, 얼마 전 CSI 1기 동기이자 우주비행사인 나혜성과 결혼했다. 어 교감이 말을 이었다.

"혜성이 우주 가는 것 배웅하러 미국에 갔었는데, 무사히 우주정거장에 도착했다는 소식 듣고 어제 한국에 들어왔대요."

공 교장이 말했다.

"프랑스에서 유학했으니 프랑스어도 잘하고, 유럽의 정세에도 밝으니 이번 일의 적임자야. 요리를 특별수사단 단장으로 하고, 단원으로는 국립형사학교에 진학한 한마리랑 강태산이 좋겠어."

한마리와 강태산은 과학 CSI 3기로, 지난 2월 어린이 형사학교를 졸업하고 바로 국립형사학교에 진학한 영재들.

그날 저녁, 어 교감의 부름을 받고 이요리, 한마리, 강태산이 형사학교로 왔다. 공 교장이 이번 사건과 임무에 대해 설명을 마치자, 요리가 말했다.

"최선을 다해 임무 수행하겠습니다."

한마리와 강태산도 입을 모아 말했다.

"최선을 다하겠습니다!"

"그래. 너희만 믿는다."

공 교장이 흐뭇한 표정으로 말했다. 그런데 바로 그때였다. 요란한 발소리에 이어 문이 벌컥 열리더니, 누군가 헐레벌떡 뛰어 들어오는 것이 아닌가!

"헉헉! 교감쌤 전화 받자마자 비행기 타고 왔는데 제가 좀 늦었네요. 모두 잘 지내셨죠?"

"양철민! 오랜만이다!"

요리가 반갑게 인사했다. 양철민. 과학 CSI 2기 형사. 형사학교를 졸업하고 바로 일본으로 유학, 현재 일본 최고의 명탐정으로 맹활약하고 있다. 현장 경험이 많은 철민이의 감각이 이번 수사에 도움이 될 거라고 보고 특별수사단 팀장으로 부른 것이다. 그런데 철민이가 자리에 앉자마자 다짜고짜 하는 말.

"WC는 도대체 뭐 하는 애들이에요? 화장실에서 만든 조직은 아닐테고."

"화장실이요?"

마리가 눈이 동그래져 물었다.

"공중화장실에 가면 WC라고 쓰여 있잖아. Water Closet의 약자."

철민이의 대답에 아직도 어리둥절한 표정의 마리. 요리가 웃으며 말했다.

"양 팀장이 농담한 거야."

"아하!"

그제야 이해한 마리. WC라는 이름을 가지고 농담을 한 건데, 워낙 진지한 분위기여서 알아듣지 못한 것이다. 어 교감이 껄껄 웃으며 말했다.

"오, 양철민! 아직 살아 있네! 하하하."

"그럼요. 제가 어디 가겠습니까? 하하하."

철민이도 맞장구를 쳤다. 형사학교 다닐 때부터 어디서나 시끌벅적한 분위기를 만들었던 철민이. 그래서 별명도 리틀 어 형사가 아니었던가. 철민이의 농담에 무거웠던 분위기가 조금은 편안해졌다.

공 교장이 뿌듯한 표정으로 말했다.

"이렇게 모아 놓고 보니, 환상의 팀이네."

그렇다. CSI 1기부터 3기까지 훌륭하지 않은 형사가 없지만, 이렇게 각자의 개성과 실력을 갖춘 선후배를 함께 모아 놓았으니 우리나라 최강, 아니 세계 최강의 CSI 특별수사단이 될 것이다.

* * *

다음 날 아침, CSI 특별수사단은 프랑스로 떠나기 위해 공항에 모였다. 어 교감이 경찰청장에게 CSI 특별수사단으로 선발된 형사들을 한 명씩 호명하며 소개했다.

"이요리. CSI 1기 형사로, 프랑스어에 능통하고 유럽 정세에 밝습니다. 뛰어난 형사적 감각과 리더십을 지녀 단장으로 임명합니다."

요리가 멋지게 경례하며 말했다.

"CSI 이요리, 특별수사단 단장으로 명 받았습니다. 충성!"

어 교감이 소개를 이었다.

"양철민. CSI 2기 형사로, 일본에서 최고의 명탐정으로 활약하고 있습니다. 수많은 사건을 해결하며 실전 감각을 키운 인재로, 팀장으로 임명합니다."

"CSI 양철민. 특별수사단 팀장으로 명 받았습니다. 충성!"

철민이가 큰 소리로 외치며 경례했다. 다음은 마리가 소개됐다.

"한마리. CSI 3기 형사로, 현재 국립형사학교에 재학 중입니다. 생물학과 첨단의학 분야에 뛰어난 지식을 갖고 있어 특별수사단 형사로 임명합니다."

한마리가 경례했다.

"CSI 한마리. 특별수사단 형사로 명 받았습니다. 충성!"

마지막 차례는 강태산.

"강태산. CSI 3기 형사로, 현재 국립형사학교에 재학 중입니다. 물리학과 첨단기술 분야에 뛰어난 지식을 갖고 있어 특별수사단 형사로 임명합니다."

태산이가 절도 있게 경례했다.

"CSI 강태산. 특별수사단 형사로 명 받았습니다. 충성!"

경찰청장은 한 명, 한 명에게 임명장을 주고 악수한 후 말했다.

"WC의 정체를 밝혀내고, 김 박사를 무사히 구출하는 데 최선을 다해 주길 바라네."

"네! 알겠습니다."

모두 큰 소리로 대답했다. 경찰청장은 특별수사단 형사들에게 작은 상자를 하나씩 전달했다.

"특별수사단을 위해 특별히 준비한 장비네."

상자를 열어 보니 아주 멋진 안경과 손목시계가 들어 있었다. 요리가 알아채고 물었다.

"스마트 안경인가요?"

공 교장이 대답했다.

"맞아. 초소형 컴퓨터, 카메라, GPS 센서, 스크린, 마이크가 내장되어 있지. GPS 센서로 언제 어디서나 위치 추적이 가능하고, 보고 있는 대상을 카메라로 바로 촬영해 전송할 수 있어."

뿐만 아니라 휴대전화로도 쓸 수 있고, 인터넷이 가능하며, 지형과 건물에 대한 정보를 렌즈에 장착된 스크린으로 볼 수 있다는 것. 손목시계는 바로 스마트 안경의 리모컨. 스마트 안경을 쓰자, CSI 특별수사단이 더 멋져 보였다.

드디어 경찰청장이 명령을 내렸다.

"CSI 특별수사단, 출동!"

"출동!"

CSI 특별수사단은 과연 김대한 박사를 무사히 구출하고, 세계를 향한 WC의 위협을 막아 낼 수 있을까?

1장

연구 자료 삭제 사건

프랑스에 도착하다

"어서 오세요. 프랑스 주재 한국 대사관의 차영훈 공사입니다."

프랑스 파리 샤를 드골 공항. 한 남자가 입국장 앞에서 CSI 특별수사단을 맞이했다. 김 박사가 납치되자마자 한국 정부에 CSI의 파견을 요청한 차영훈 공사였다.

"안녕하세요? 잘 부탁드립니다."

CSI도 인사했다. 공항 곳곳에는 무장한 경찰관들이 삼엄한 경계를 펼치고 있었다. 프랑스 정부도 어제 일어난 김대한 박사 납치 사건을 프랑스와 세계를 향한 테러로 규정하고, 용의자 검거와 테러 예방을 위해 프랑스 전역을 샅샅이 뒤지고 있다는 것이다.

CSI는 차 공사가 마련해 놓은 숙소로 갔다. 숙소에는 CSI가 머무는 동안 불편함이 없도록 자동차와 각종 비품이 준비되어 있었다. 철민이가 둘러보며 말했다.

"우와, 완전 호텔인데요."

차 공사가 말했다.

"더 필요한 게 있으면 언제든 말씀하세요."

"감사합니다. 일단 이번 수사를 담당하고 있는 팀부터 만나고 싶은데요."

요리가 부탁하자, 차 공사가 말했다.

"그러잖아도 오후 3시에 약속을 잡아 놨습니다. 프랑스 경찰특공대 위고 마르탱 팀장입니다."

잠시 후 차 공사는 대사관으로 돌아가고, CSI는 프랑스 경찰특공대 본청으로 향했다. 요리가 마르탱 팀장을 찾자, 잘생긴 프랑스 배우 같은 남자가 나타났다.

"제가 마르탱인데……. 아, 한국의 CSI!"

"안녕하세요? CSI 특별수사단 단장, 이요리입니다."

요리가 영어로 인사를 하며 손을 내밀자, 마르탱도 악수를 하며 말했다.

"반갑습니다."

철민이와 아이들도 영어로 인사를 했다. 그런데 그때, 마르탱이 혼잣말로 중얼거렸다.

"대단한 형사들을 보내는 줄 알았더니 애송이들을 보냈군."

젊은 여자 단장에, 더 어린 팀장, 그리고 십대로 보이는 아이 둘이 대한민국 대표 형사라고 왔으니, 얕잡아 보았던 것. 하지만 요리가 프랑스어에 능통하다는 것을 몰랐던 것이 실수였다. 요리가 유창한 프랑스어로 말했다.

"우리 속담에 '낮말은 새가 듣고 밤말은 쥐가 듣는다'는 말이 있습니다. 하고 싶은 말이 있으시면 직접 하시죠."

마르탱은 얼굴이 빨개져 사과했다.

"아, 미안합니다. 제가 실수를 했네요."

요리가 진지하고 날카로운 표정으로 물었다.

"수사는 어떻게 되어 가고 있죠?"

"현장 CCTV 녹화 영상은 분석을 마쳤고, 납치범들이 타고 간 차량을 추적하고 있습니다."

마르탱의 대답에 요리가 요청했다.

"CCTV 녹화 영상 좀 볼 수 있을까요?"

마르탱은 CSI를 CCTV 분석실로 안내했다. 그리고 녹화 영상을 보여 주며 말했다.

"김 박사가 납치된 화장실 입구 쪽 복도의 CCTV 녹화 영상입니다."

영상은 김 박사가 화장실로 들어가는 모습부터 시작됐다. 김 박사가 화장실로 들어가자, 경호원은 문 앞을 지키고 서 있었다. 그런데 바로 그때, 복면을 쓴 괴한이 뒤에서 나타나 둔기로 경호원의 머리를 가격했다. 경호원이 쓰러지고 곧이어 화장실 문이 열리더니 김 박사가 또 다른 괴한에게 제압당한 채 앞서 나왔다. 그러고는 순식간에 복도 끝 뒷문으로 사라지는 것이었다. 30초도 안 되는 정말 짧은 시간에 벌어진 일이었다.

마르탱이 또 다른 CCTV 녹화 영상을 보여 주며 말했다.

"건물 뒤편 길가에 설치된 CCTV 녹화 영상입니다."

괴한들이 김 박사를 건물 뒤편에 서 있는 차에 태우더니 사라지는 장면이었다. 그러니까 범인은 운전자까지 모두 세 명. 요리가 물었다.

"VIP 전용 화장실이라면 아무나 출입할 수 없는 곳 아닌가요?"

마르탱이 대답했다.

"맞습니다. 그런데 매년 열리는 만찬회다 보니까 경비가 좀 소홀했던 것 같습니다."

철민이가 물었다.

"내부에 또 다른 협력자가 있었을 가능성은요?"

"조사 중인데 아직 수상한 사람은 없습니다."

마르탱은 기분이 좀 언짢았다. CSI의 질문에 일일이 대답하다 보니, 마치 상관에게 보고하는 느낌이 들었기 때문이다. 솔직히 마르탱은 한국 CSI와 공조 수사를 하는 것부터 마음에 안 들었다. 김 박사가 한국 사람이기는 하지만, 엄연히 프랑스에서 벌어진 사건이 아닌가. 게다가 프랑스 경찰특공대야말로 세계 최고의 수사기관이라고 자부할 수 있다. 그런데 애송이 같은 한국의 CSI와 공조 수사라니!

요리도 마르탱의 표정을 보고 그의 마음을 읽었다. 사실 공조 수사를 하다 보면 서로 은근히 기 싸움을 하게 마련이다. 그럴 때 가장 좋은 방법은 하나다. 바로 실력으로 승부하는 것. 프랑스 경찰특공대의 실력은 요리도 익히 들어 알고 있다. 하지만 우리가 누군가. 대한민국의 CSI가 아닌가!

'좋아. 우리 실력을 확실하게 보여 주지.'

요리는 마르탱이 처음 만나자마자 보였던 무례한 행동을 후회하게 만들어 주리라 다짐했다.

그런데 바로 그때, 마르탱의 휴대전화가 울렸다. 마르탱은 전화를 받더니 버럭 소리쳤다.

"뭐야? 빨리 쫓아! 빨리!"

그러더니 벌떡 일어나며 말했다.

"미안합니다. 급한 일이 생겨서……."

철민이가 눈치 빠르게 물었다.

"또 무슨 일이 생긴 건가요?"

"그게……. 드롱 박사가 납치된 것 같습니다."

"드롱 박사요? 장 폴 드롱 박사요?"

요리가 되묻자, 마르탱이 대답했다.

"네. 그럼 저는 먼저……."

헐레벌떡 뛰어나가는 마르탱. 마리가 물었다.

"드롱 박사라면, 김 박사님과 함께 노벨상을 수상한 분 맞죠?"

요리가 고개를 끄덕이자, 태산이가 놀란 표정으로 물었다.

"그럼 이번에도 WC의 소행일까요?"

"그럴 확률이 높겠지. 단장님, 우리도 따라가야 되는 거 아닌가요?"

철민이가 묻자, 요리가 단호한 표정으로 말했다.

"우리는 김대한 박사 사건에 집중한다. 자, 먼저 사건 현장부터 살펴보자."

"네!"

모두 힘차게 대답했다. 드디어 CSI 특별수사단의 첫 수사가 시작된 것이다.

새로운 단서

김 박사가 납치된 연회장은 파리의 최대 번화가인 샹

젤리제 거리 중간쯤에 있었다. 태산이가 스마트 안경을 쓰고 건물을 바라보며 손목시계를 조작하자, 렌즈 스크린에 건물 관련 정보들이 펼쳐졌다.

"1912년에 지어진 건물로, 강연회나 유명인들의 파티가 자주 열리는 곳이에요. 매년 파리과학아카데미의 연례 만찬도 여기서 하는데, 올해는 김 박사와 드롱 박사의 노벨상 수상 축하를 겸해 열린 거네요."

태산이의 설명을 듣고, 요리가 지시를 내렸다.

"난 담당자를 만나 볼 테니, 건물 구조부터 파악해."

요리가 사무실로 가자, 단원들은 스마트 안경 스크린에 건물 상세 구조를 띄웠다. 3차원 화면으로 현재 위치가 표시되고, 방향을 가리키는 화살표가 나타났다.

철민이가 말했다.

"마리는 동쪽, 태산이는 서쪽을 맡아. 난 사건이 발생한 북쪽 VIP 대기실과 화장실로 가 볼게."

각자 맡은 구역으로 이동하며 시계 리모컨의 녹화 버튼을 누르자, 안경 렌즈를 통해 보이는 모든 영상이 녹화되기 시작했다. 따로 사진을 찍거나 영상 촬영을 하지

않아도 되니 정말 편리했다.

철민이가 간 VIP 대기실은 연회장 제일 안쪽에 있었다. 널찍한 내부는 고풍스런 소파와 탁자로 꾸며져 있고, 안쪽으로는 또 다른 문이 하나 있었는데 바로 화장실로 가는 문이었다. 문을 열고 나가면 맞은편에 화장실이 있고, 그 사이에 기다란 복도가 있는데 그 끝에 건물 뒤편으로 나가는 작은 문이 있었다. 범인들이 김 박사를 납치해 데리고 나간 바로 그 문이었다. 이렇게 건물 깊숙한 곳까지 속속들이 알고 있다는 것은 범인들이 사전에 치밀하게 범행 계획을 세웠다는 뜻이다.

한편, 마리와 태산이가 탐색한 건물 동쪽과 서쪽 부분에는 따로 출입문이 없고, 이용객 휴게실과 화장실, 그리고 작은 기념품 가게가 있었다.

건물 탐색을 마치고 다시 로비에 모이자, 요리가 여자 한 명을 소개했다.

"이번 만찬회를 총괄하신 분이야. 안느 뜨와르 씨. 여기는 저희 CSI 단원들입니다."

뜨와르는 김대한 박사가 납치된 사실을 가장 먼저 알린

사람이다. 먼저 마리가 물었다.

"김 박사님이 납치당한 건 어떻게 아셨죠?"

"만찬회장에서 한참 안 보이시길래 대기실에 가 봤는데 거기도 안 계셨어요. 화장실에 가신 것 같아 복도에 나가 보니, 경호원이 쓰러져 있는 거예요. 박사님께 나쁜 일이 생겼음을 직감했죠."

그래서 곧바로 만찬회장에 들어와 사실을 알렸다는 것. 철민이가 물었다.

"뒷문은 평소에 어떤 용도로 쓰이나요?"

뜨와르가 대답했다.

"이 건물은 강연회뿐 아니라, 유명인들의 파티 장소로도 자주 이용돼요. 그럴 땐 정문 쪽에 팬들이 많이 몰리거든요. 그래서 뒤로 나갈 수 있게 따로 마련해 놓은 문이에요."

요리가 날카롭게 물었다.

"바로 그 문이 납치에 이용된 거네요. 경비가 너무 소홀했던 거 아닙니까?"

뜨와르가 난처한 표정으로 대답했다.

"인정합니다. 그런데 파리과학아카데미 연례 만찬을 39년째 이곳에서 하고 있는데 이런 일은 한 번도 없었어요. 그래도 경비를 철저하게 하지 못한 점은 저희 불찰입니다. 죄송합니다."

그런데 바로 그때였다.

"범인이 박사님을 화장실로 유인한 거예요."

익숙한 한국말. 깜짝 놀라 돌아보니, 12살 정도 되어 보이는 한국인 남자아이가 서 있었다. 뜨와르가 놀라 물었다.

"넌 누구니? 여긴 아무나 들어올 수 없는데, 어떻게 들어왔지?"

작은 키에 또랑또랑한 눈을 가진 아이가 유창한 프랑스어로 또박또박 대답했다.

"내 이름은 차루이예요. 김대한 박사님이 납치되신 날, 저도 만찬회장에 있었어요."

요리가 놀라 한국말로

다시 물었다.

"사건 현장에 있었다고?"

철민이와 마리, 태산이의 눈도 반짝. 아이는 다부진 표정으로 대답했다.

"네. 한마디로 제가 아주 중요한 증인이라는 뜻이죠."

"좋아. 그럼 어떻게 범인이 김대한 박사를 화장실로 유인했다는 거지?"

요리가 다시 묻자, 루이가 대답했다.

"만찬회가 시작된 후 한 시간 동안 김 박사님은 화장실을 세 번이나 가셨어요. 그리고 세 번째에 납치를 당했죠. 김 박사님이 왜 그렇게 자주 화장실에 갔을까요?"

마리가 얼른 눈치채고 물었다.

"범인들이 박사님께 약이라도 먹였다는 거야?"

"빙고! 바로 그거예요. 제가 증거 영상을 보여 드리죠."

그러더니 루이는 휴대전화에 저장된 동영상을 재생하며 말을 이었다.

"만찬회 영상이에요. 제가 직접 촬영한 거죠. 박사님이 납치되고 나서 혹시나 하는 마음에 돌려 봤는데 수상한 사람이 찍혀 있더라고요. 박사님께 샴페인을 권하는 남자를 잘 보세요."

화면을 보니, 웨이터 복장을 한 남자가 쟁반에 샴페인 여러 잔을 가져와 김 박사에게 권하자, 김 박사가 가벼운 목례를 하며 잔 하나를 집어 들었다. 그런데 뒤이어 김 박사 옆에 있던 사람도 샴페인을 달라는 손짓을 하자, 남자는 카펫에 발이 걸린 듯 샴페인을 쏟더니 닦을 것을 가져오겠다는 제스처를 취하며 급히 사라지는 것이었다.

루이가 확신에 찬 목소리로 말했다.

"일부러 쏟은 거예요. 모두 약이 든 샴페인이었기 때문이죠. 박사님을 화장실로 유인하기 위해 설사약을 넣은 게 분명해요."

태산이가 물었다.

"프랑스 경찰은 이 사실에 대해 모르는 것 같던데?"

"당연하죠. 제가 방금 CSI에만 제보를 했거든요."

루이가 으쓱한 표정으로 말했다. 철민이가 동영상을 다시 돌려 보더니 말했다.

"박사님 키가 170센티미터인데, 범인은 조금 더 크니까 175센티미터 정도 되겠네. 마른 편이고, 피부색이나 얼굴 골격으로 봐서 남아시아계 사람인 것 같아. 파키스탄이나 인도? 아니면, 네팔 사람?"

일본에서 최고의 명탐정으로 이름을 날리고 있다더니, 영상 속 모습만 보고도 키와 국적까지 유추해 내는 철민이. 역시 대단하다. 요리는 뜨와르에게 동영상 속 남자에 대해 알아봐 줄 것을 부탁했다.

"그러죠. 웨이터 지원자 이력서가 있을 거예요."

뜨와르가 대답했다. 요리가 루이에게 인사했다.

"고맙다. 아주 중요한 단서를 제보해 줘서."

"네. 저도 이게 아주 중요한 단서가 될 거라고 생각했어요!"

 당연하다는 표정으로 말하는 루이. 어쩌면 이렇게 처음부터 끝까지 자신만만하고 의기양양한지. 태산이는 그런 루이의 첫인상이 영 마음에 들지 않았다. CSI가 프랑스에 파견됐다는 것은 이미 한국 신문이나 프랑스 신문에 대서특필된 사실이지만, 갑자기 사건 현장에 불쑥 나타난 것도 그렇고, 시종일관 의기양양한 태도도 눈에 거슬렸다. 태산이가 날카로운 표정으로 물었다.

 "그런데 우리가 여기 있다는 건 어떻게 알았지?"

 "수사의 기본은 현장이죠. 당연히 현장부터 오실 줄 알았어요."

 똑똑하지만 참 맹랑한 아이다. 그런데 루이가 더 맹랑한 소리를 했다.

 "그래서 말인데요, 저도 CSI 특별수사단이 되고 싶어요."

 갑작스러운 말에 모두 당황해 아무 말을 못 하고 있는데, 루이가 이해한다는 표정으로 말했다.

 "아! 제 소개를 좀 더 해야겠군요. 저는 프랑스에서 태어나고 자랐어요. 그래서 프랑스 지리, 특히 파리는 골목

구석구석까지 모르는 데가 없죠. 또 프랑스어뿐 아니라, 독일어, 이탈리아어도 할 수 있어요. 그러니까 제가 있으면 수사에 도움이 아주 많이 될 거예요."

루이의 자신감에 모두들 어안이 벙벙했다. 잠시 후, 철민이가 껄껄 웃으며 말했다.

"그래, 정말 대단한 것 같구나. 하하하. 하지만 특별수사단에 들어올 수는 없어."

"왜요? 저 같은 인재를 구하기는 쉽지 않으실 텐데요."

루이가 예상치 못했다는 표정으로 물었다. 자신이 원하기만 하면 당연히 CSI가 될 수 있을 거라고 생각했단 말인가. 요리가 대답했다.

"중요한 단서를 제공해 준 것은 고맙게 생각해. 하지만 우리 일은 아주 위험하기 때문에 훈련받지 않은 너를 특별수사단에 끼워 줄 순 없어."

루이가 실망한 표정으로 다시 물었다.

"정말, 정말 안 돼요?"

"응. 불가능해."

요리의 단호하고 분명한 대답에 루이는 깊이 낙담하며

한숨을 내쉬었다.

"휴!"

지금까지의 당당한 모습은 온데간데없고, 당장 세상이 무너질 것 같은 표정을 하는 아이. 마리는 그 모습이 귀엽고 웃겼다. 하지만 태산이는 루이의 그런 행동도 마음에 들지 않았다. 자기 아이스크림을 다 먹어 치우고는 또 먹고 싶다고 떼쓰는 어린아이 같았기 때문이다.

연구실 침입 사건

아쉬워하는 루이를 돌려보내고, CSI는 김 박사의 연구소로 갔다. 김 박사와 드롱 박사가 함께 설립한 합성생물학연구소는 두 사람에게 노벨상을 안겨 준, 세계적으로 권위 있는 연구소다. 그런데 도착해 보니, 분위기가 어수선하고 연구원들은 모두 사색이 되어 있었다. 요리가 신분을 밝히며 물었다.

"저희는 한국에서 온 CSI 특별수사단입니다. 드롱 박사님이 납치됐다는 게 사실인가요?"

그러자 연구원 한 명이 나서며 한국말로 말했다. 가슴에 달린 이름표를 보니, 나성현.

"네? 그건 또 무슨 말이에요? 드롱 박사님이 납치되다니요?"

연구원들은 전혀 모르고 있었다는 표정. 철민이가 물었다.

"그럼 또 다른 문제가 있나요?"

"누군가 우리 연구실에 들어와 그동안의 연구 자료를 모두 다 지워 버렸어요."

이건 또 무슨 일인가! 연구 자료가 다 지워지다니! 그런데 바로 그때, 저쪽에서 연구원 한 명이 소리쳤다.

"여기 좀 보세요! 범인이 여기 메시지를 남겼어요."

모두 그가 가리키는 컴퓨터 모니터를 봤다. 화면에는 이런 메시지가 떠 있었다.

연구 자료들은 모두 삭제됐다. 우리는 과학과 기술의 발전이 인류를 멸망에 이르게 하는 것을 막기 위해 조직된 반과학단체 WC다.

요리가 프랑스어로 쓰인 글을 해석해 주자 철민이가 당황한 표정으로 말했다.

"또 WC예요?"

이번에도 WC가 범인이란 말인가! 도대체 WC가 뭐기에 이렇게 동에 번쩍 서에 번쩍하며 사건을 일으킨단 말인가. 요리는 순간 생각했다.

'WC는 단순 납치범이나 테러범이 아니야. 상당히 치밀하고 조직적인 세력이야. 게다가 자신들의 범행을 스스로 공개하는 대담함을 보이고 있어. 그렇다면 이게 무슨 의미일까?'

그런데 바로 그때였다. 누군가 다급하게 뛰어 들어오며 소리쳤다.

"뭐? 연구 자료가 다 삭제됐다고?"

드롱 박사였다. 옆에는 마르탱과 다른 형사들도 함께 있었다. 마르탱이 드롱 박사를 구해 낸 것이다.

"드롱 박사님이시군요!"

요리가 반기며 말했다.

"무사하셔서 정말 다행입니다."

드롱 박사가 요리를 보더니 의아한 표정으로 물었다.

"아, 네. 감사합니다. 그런데 누구시죠?"

"한국에서 온 CSI 특별수사단입니다."

마르탱이 소개했다. CSI와 드롱 박사는 간단히 인사를 나누었다.

김 박사가 납치된 이후, 경찰특공대는 범인들이 드롱 박사도 노릴 수 있다고 판단해 밀착 경호를 해 왔다는 것. 그래서 드롱 박사가 납치되자마자 곧바로 추적을 시작했고, 경찰이 포위망을 좁혀 오자 범인들은 눈을 가린 드롱 박사를 외진 골목에 내려놓고 황급히 사라졌다는 것이다. 아쉽게도 범인들은 놓치고 말았지만 그래도 드롱 박사를 구했으니 불행 중 다행.

드롱 박사가 다시 연구원들에게 물었다.

"연구 자료가 다 삭제됐다니, 어떻게 된 일인가?"

선임연구원 피에르가 대답했다.

"죄송해요. 잠깐 저녁 먹으러 나갔다 왔는데……."

연구원들이 돌아와 보니 연구실 문은 활짝 열려 있고, 컴퓨터가 모두 포맷이 되어 그 안에 저장되어 있던 연구 자료가 전부 삭제돼 버렸다는 것. 나성현이 망연자실한 얼굴로 덧붙였다.

"복구도 불가능할 정도로 완전히 지워 버렸어요."

"이런! 완전히 당했군!"

드롱 박사는 큰 충격을 받은 듯 얼이 빠진 표정이었다. 마르탱이 같은 팀 형사들에게 명령했다.

"복도 CCTV 녹화 영상부터 확인해."

그런데 철민이는 왠지 이상한 생각이 들었다.

"애초부터 범인들이 노린 건 드롱 박사님이 아니라 연구 자료가 아니었을까요? 납치극을 벌여 경찰들의 시선을 돌린 후에 범행을 저지른 거죠."

순간, 마르탱은 철민이의 말이 맞을지도 모른다는 생각이 들었다. 경찰이 추적한다고 해도 너무 쉽게 드롱 박사를 놓아준 게 이상했기 때문이다. 그러자 마르탱은 자존심이 상했다.

"그럼 우리 경찰특공대가 WC에 놀아났다는 말인가요?"

직설적인 말에 철민이가 당황해 손을 내저었다.

"아니, 그런 뜻이 아니라……."

그런데 그때였다. 태산이가 불쑥 연구소 출입문을 가리키며 물었다.

"혹시 이 문, 생체인식 시스템인가요?"

모두의 시선이 태산이에게 쏠렸다.

그사이 태산이는 스마트 안경을 쓰고 범인의 침입 경로를 알아보기 위해 연구소 내부 구조를 구석구석 살펴보았다. 그런데 창문은 삼중의 유리로 된 완전 밀폐 창문인 데다 모두 굳게 닫혀 있었다. 그렇다면 들어올 수 있는 곳은 출입문밖에 없다. 그런데 출입문 역시 두께가 10센티미터가 넘는 방탄 소재에, 손잡이 없이 카메라 센서만 달려 있는 첨단 시스템. 딱 봐도 생쥐 한 마리 드나들 수 없는 철저한 보안 시스템인데, 어떻게 범인은 그 짧은 시간에 시스템을 뚫고 연구소에 침입했을까. 태산이는 그게 이상했다.

"맞아요. 얼굴인식 시스템이에요."

나성현이 대답했다. 카메라에 얼굴을 갖다 대면 미리 등록해 놓은 3D 안면윤곽 데이터와 비교해 일치하는 경우에만 문이 열린다는 것이다. 요리도 태산이가 질문한 의도를 파악하고 물었다.

"등록되어 있는 사람은요?"

"박사님 두 분하고 연구원 다섯 명이요."

나성현이 대답하자, 마리도 의문을 제기했다.

"그런데 범인은 어떻게 보안 시스템을 통과했을까요?"

드롱 박사도 이해할 수 없다는 듯 말했다.

"그러게 말입니다. 등록되지 않은 사람이 침입을 시도하면 문이 열리지 않는 것은 당연하고, 경고음이 울려 보안업체가 즉시 출동하게 되어 있거든요."

순간, 형사들의 시선이 연구원들에게 향했다. 연구소 내부에 공범이 있을 가능성이 있다는 뜻이기 때문이다. 흥분한 드롱 박사가 연구원들에게 소리쳤다.

"누구야? 누가 이런 짓에 가담했어? WC와 연관된 사람이 누구냐고?"

순식간에 공범으로 몰리게 된 연구원들. 모두들 손사래를 치며 부인했다.

"아니에요. 저희는 절대 아니에요."

그때였다. CCTV 녹화 영상을 확인한 형사가 마르탱에게 전했다.

"CCTV가 아예 꺼져 있어서 녹화된 게 없습니다. 누군가 일부러 끈 게 분명해요."

또다시 연구원들에게 시선이 쏠렸다. 당황하는 표정이 역력한 연구원들. 마르탱이 나섰다.

"일단 상황을 파악해야 되니까 여기 계신 분들 모두 조사에 협조해 주시기 바랍니다."

요리가 재빨리 말했다.

"나성현 씨는 저희가 조사하겠습니다."

그렇게 해서 연구원들에 대한 조사가 시작됐다. 과연 이들 중에 공범이 있을까?

공범의 정체

나성현이 이곳 연구원으로 일하기 시작한 것은 5년 전. 우리나라 최고 대학에서 생명공학 박사학위를 받은 후, 김대한 박사의 부름을 받고 프랑스로 왔다고 한다. 요리가 물었다.

"사건 발생 시각에는 뭐 하셨어요? 알리바이를 증명해 줄 사람 있나요?"

"다른 연구원들 셋과 함께 저녁을 먹었어요. 연구소에서 두 블록 떨어진 이탈리안 레스토랑에서요."

마리가 물었다.

"그렇다면 연구원 중 한 명은 따로 식사를 했다는 건데……. 따로 식사한 분은 누구죠?"

"피에르요. 약속이 있다고 우리보다 먼저 나갔어요."

그러더니 문득 생각난 듯 말했다.

"가만! 어쩌면 그 일이 연관이 있을지……."

철민이가 물었다.

"뭔데요? 수상한 점이 있나요?"

"최근에 피에르가 드롱 박사님한테 좀 섭섭한 부분이 있었어요."

피에르는 드롱 박사 밑에서 10년 넘게 연구를 함께한 애제자. 그런데 피에르가 지난 학기에 프랑스 명문 대학에 교수로 갈 기회가 있었는데 드롱 박사가 이를 막았다는 것이었다.

"드롱 박사가 피에르를 자기 밑에 더 데리고 있으려고, 그 대학에 피에르를 나쁘게 얘기했다는 거예요. 그런데 얼마 전에 피에르가 그걸 알게 된 거죠."

마리가 물었다.

"그럼 피에르 연구원이 드롱 박사한테 서운한 마음에

WC와 공모했을 가능성이 있다는 건가요?"

나성현이 잠시 생각하더니, 고개를 저으며 대답했다.

"설마 그럴 리야 있겠어요. 저는 그냥 그 일이 생각나서 말씀드렸을 뿐이에요."

잠시 후, 마르탱을 만난 요리가 그 문제를 이야기하자 마르탱이 말했다.

"피에르는 아닙니다. 그 시간에 여자 친구와 저녁을 먹고 있었다는 알리바이가 확인됐거든요."

그러자 태산이가 의견을 말했다.

"얼굴인식 시스템을 통과하는 또 다른 방법이 있지 않을까요? 등록된 안면윤곽 데이터만 통과하면 되잖아요."

마리가 고개를 갸웃했다.

"결국 연구원들과 얼굴이 똑같은 사람이 필요하다는 얘기인데 그건 쌍둥이도 힘들걸. 쌍둥이도 미세하게 다른 점이 있으니까."

그렇다면 범인은 어떻게 얼굴인식 시스템을 통과한 것일까? 정말 미스터리다.

그런데 바로 그때, 뜨와르에게서 전화가 왔다. 요리가

받더니 반색하며 말했다.

"찾았다고요? 이름은 무하마드 칸. 파키스탄 국적."

마르탱이 의아한 표정으로 쳐다보자, 철민이가 영어로 설명했다.

"만찬회장에서 김 박사에게 샴페인을 준 웨이터가 있는데 좀 수상해요."

마르탱이 알아듣고 다시 물었다.

"샴페인에 약이라도 넣었단 말이에요?"

철민이가 루이에게 받은 영상을 보여 주자, 마르탱은 무척 놀란 표정. 경찰특공대는 미처 알아내지 못한 단서이기 때문이다. 요리가 전화를 끊고 말했다.

"그럼 저희는 무하마드를 잡으러 가겠습니다."

마르탱이 얼른 나섰다.

"네 명만으로는 위험합니다. 무기로 저항할 수도 있어요. 우리 팀이 엄호하겠습니다."

순수한 마음으로 도와주려는 것인지, 아니면 CSI 단독으로 사건을 처리하는 것이 못마땅해서인지는 알 수 없지만, 일리가 있는 말. 요리가 흔쾌히 말했다.

"좋습니다."

그렇게 CSI와 경찰특공대의 연합 작전이 시작되었다. 무하마드의 집은 파리 변두리에 위치한 작고 허름한 아파트 3층. 만일의 사태에 대비해 마르탱 팀이 도주 경로를 차단한 후, CSI가 계단을 통해 3층으로 올라갔다.

철민이가 전면에 나서고 그 뒤에 요리, 양 옆에 마리와 태산이가 엄호했다. 요리가 눈짓으로 신호를 보내자, 철민이가 현관문을 두드렸다. 과연 무하마드가 나올 것인가. 모두 숨을 죽였다. 그런데 아무런 인기척이 없었다. 철민이가 한 번 더 문을 두드렸다. 역시 아무런 대답이 없었다. 요리가 다시 신호를 주자, 철민이가 조심스럽게 문 손잡이를 돌렸다. 그런데 딸깍. 문이 열려 있는 것이 아닌가! 철민이가 문을 확 열어젖히며 총을 겨눴다. 하지만 집 안은 이미 텅 비어 있었다. 철민이가 실망한 표정으로 말했다.

"이미 도주했어요!"

모두 집 안으로 들어갔다. 급하게 짐을 챙긴 듯 서랍이 군데군데 열려 있고, 물건이며 쓰레기가 어지럽게 널려 있었다. 요리가 마르탱에게 무전으로 전했다.

"상황 종료. 이미 도주했어요."

태산이와 마리도 아쉬웠다. 무하마드를 잡아야 김 박사가 어디 있는지 알 수 있을 텐데 말이다. 어쨌든 무하마드가 도주했다는 것은 그가 김 박사 납치 사건의 공범이라는 증거다. 그렇지 않다면 왜 도망을 갔겠는가. 잠시 후, 마르탱이 올라와 보더니 말했다.

"지명 수배부터 해야겠군요."

마르탱이 경찰특공대를 철수시키고 본청으로 출발하자, 요리가 단원들에게 명령했다.

"혹시 모르니까 증거가 될 만한 거 있나 찾아봐."

그래서 모두 스마트 안경을 쓰고 아파트 안을 샅샅이 살폈다. 안경을 통해 보는 모든 장면은 바로 영상으로 녹화됐다. 좁은 공간이라 별로 뒤질 것도 없었지만 CSI는 머리카락 한 올이라도 찾으려고 열심히 살폈다. 그런데 태산이의 눈에 띄는 게 있었다. 바로 바닥에 떨어져 있는 플라스틱 끈과 뭉치.

'이건 3D프린터에 사용하는 플라스틱 소재인데!'

그때 마리가 바닥에 버려진 빈 병을 발견하고 물었다.

"이건 뭐 하는 데 쓰는 걸까요? 무슨 약품인가?"

철민이가 보더니 말했다.

"3D프린터에 사용하는 고무 소재인 것 같은데."

바로 그 순간, 태산이는 번쩍 떠오르는 게 있었다.

"알았어요! 범인들이 어떻게 연구실에 들어갔는지!"

"정말? 어떻게?"

마리가 묻자 태산이가 대답했다.

"이 플라스틱이나 고무 소재를 이용해서 3D프린터로 입체 가면을 만든 거야."

마리가 의아한 표정으로 물었다.

"프린터로 입체 가면을 만들 수 있다고? 프린터는 보통 종이 같은 평면에 찍는 거 아냐?"

"그건 2D프린터야. 2D프린터는 앞뒤와 좌우로 운동하면서 문서나 사진 등을 찍어 내잖아. 3D프린터는 거기에 상하 운동이 추가되어 있어서 입체적인 물체를 찍어 낼 수 있어. 또 프린팅에 사용하는 소재도 다양해. 이런 플라스틱 소재나 고무, 금속, 초콜릿, 밀가루도 쓸 수 있지."

철민이가 알아듣고 말했다.

"그러니까 3D프린터로 가면을 만들어 쓰고 얼굴인식 시스템을 통과했다는 말이지?"

태산이가 설명을 이었다.

"네. 고화질 사진만 있으면 돼요. 앞, 뒤, 옆, 위 등 다양한 각도로 찍은 얼굴 사진으로 3D 모델링 프로그램을 이용해 도면을 만든 후, 3D프린터로 찍어 내면 그 얼굴과 똑같은 가면을 만들 수 있어요."

요리도 고개를 끄덕였다.

"김 박사나 드롱 박사, 아니면 연구원들의 사진을 찍어 이용했겠군."

마리가 놀란 표정으로 말했다.

"그럼 오늘 일어난 연구 자료 삭제 사건에도 무하마드가 핵심 역할을 한 거네요."

그런데 무하마드를 놓쳤으니, 이를 어쩐단 말인가.

무하마드를 잡아라!

CSI는 증거물을 확보한 후, 프랑스 경찰특공대 본청으로 갔다. 그리고 마르탱에게 증거물을 보여 주며 상황을 전했다. 마르탱이 고개를 끄덕이며 말했다.

"3D프린터로 만든 입체 가면이라……. 충분히 가능한 방법이에요. 지난해 지문인식 시스템을 뚫고 절도 행각을 벌인 범인들이 있었는데, 집주인의 지문 사진을 이용해 3D프린터로 똑같은 지문을 만들어 사용했더라고요."

솔직히 마르탱은 무척 놀랐다. 무하마드가 공범임이

의심되는 동영상이야 제보로 얻은 것이라고 해도, 버려진 재료 일부만 보고 3D프린터로 입체 가면을 만들어 얼굴 인식 시스템을 통과했을 거라고 추리하는 능력은 보통 실력이 아니다.

'보기보다 실력이 있군.'

처음 봤을 때는 어려 보이는 겉모습만 보고 얕잡아 봤는데, 이제 보니 상당한 실력을 갖춘 팀이라는 생각이 들었다. 마르탱이 말했다.

"일단 무하마드부터 잡아야겠군요. 철도와 비행기, 선박 등을 조사했는데, 아직 프랑스를 떠난 것 같지는 않아요. 국경 근처에도 검문검색을 강화했으니, 오늘밤은 좀 기다려 보죠."

그제야 시계를 보니, 이미 한밤중. 프랑스에 도착하자마자 이리 뛰고 저리 뛰느라 시간 가는 줄 모르고 있었던 것이다. 무하마드의 신병이 확보되는 대로 연락을 주겠다는 마르탱의 약속을 듣고, CSI는 숙소로 돌아왔다.

다음 날 이른 아침, 마르탱이 전화해 좋은 소식을 전했다.

"오늘 새벽, 무하마드를 체포했어요. 자동차로 국경을 넘어 스위스로 가려다가 검문검색에 걸렸어요."

지금 파리로 호송되고 있다는 것. CSI는 곧바로 경찰 특공대로 갔다.

"방금 조사실로 들어갔어요. 함께 들어가시죠."

마르탱이 말했다. 공동 조사를 하자는 말. 무하마드 검거는 CSI 덕분에 가능한 일이었음을 마르탱도 인정할 수밖에 없었던 것이다. 요리와 마르탱이 조사실로 들어가자, 무하마드는 긴장한 기색이 역력했다. 그러나 자신의 범행은 부인했다.

"난 아무 관련이 없어요. 만찬회장에서는 그냥 서빙 아르바이트를 한 거고요. 국경을 넘으려고 한 건 스위스에 가서 일자리를 구하기 위해서예요."

마르탱이 만찬회장에서 찍은 동영상을 보여 주며 심문했다.

"김대한 박사에게 샴페인을 갖다준 게 당신이죠?"

"손님들에게 샴페인을 드리는 게 제 일이었어요. 난 그 사람이 누군지 몰라요."

마르탱이 계속해서 다음 장면을 보여 주며 추궁했다.

"일부러 샴페인을 쏟았잖아요. 김 박사에게만 약이 든 샴페인을 줘야 하기 때문에 나머지는 쏟아 버린 거 아닌가요?"

"아니에요. 일부러 쏟다니요? 그냥 실수한 거예요."

이번에는 요리가 3D프린터 재료를 보여 주며 말했다.

"집에서 찾은 거예요. 3D프린터를 이용해서 합성생물학연구소에 들어갈 수 있는 가면을 만들었죠?"

순간, 눈빛이 흔들리는 무하마드. 하지만 또다시 딱 잡아뗐다.

"저는 대학에서 공예를 전공했어요. 3D프린터는 작품을 만들 때 종종 써요."

그런데 바로 그때였다. 노크 소리가 들리더니, 철민이가 뭔가를 들고 들어왔다.

"무하마드 차에서 찾은 증거물이에요."

카메라와 노트북이었다. 그걸 보자마자 사색이 되는 무하마드. 철민이가 카메라에 저장된 사진을 보이며 말했다.

"김대한 박사의 사진이에요. 김 박사 몰래 찍은 것 같은데, 정면, 옆모습, 뒷모습, 다양한 각도에서 찍었네요."

아무 말도 못 하는 무하마드. 철민이가 다시 노트북에서 프로그램을 실행시키며 말했다.

"그리고 그 사진을 변환시킨 3D 모델링 프로그램이에요. 자, 보시죠."

정말 김대한 박사의 얼굴과 똑같은 얼굴이 3D 입체 영상으로 재생되었다. 마르탱이 말했다.

"이걸 그대로 3D프린터로 뽑으면, 김 박사 얼굴이랑 완전히 똑같은 가면이 나오겠네요."

태산이의 추리가 딱 맞았던 것이다. 명백한 증거 앞에 무하마드는 자백할 수밖에 없었다.

"난 말단 행동대원일 뿐이에요. 김 박사에게 설사약이 든 샴페인을 건네고, 김 박사 얼굴과 똑같은 가면을 만들어 줬을 뿐이라고요. 납치나 연구 자료 삭제와 관련된 일인 줄은 꿈에도 몰랐어요."

요리가 다그쳤다.

"WC의 정체가 뭔가요? 근거지는 어디죠? 김 박사는 어디 있어요?"

무하마드가 포기한 표정으로 대답했다.

"WC는 반과학단체예요. 과학과 기술의 발전이 인류를 멸망시킬 거라고 믿는 사람들의 모임이죠."

무하마드가 처음 WC에 대해 알게 된 것은 극단적 환경보호론자들의 인터넷 사이트. 평소 환경 문제에 관심이 많았기 때문에 끊임없이 자연 환경을 파괴하는 현실에 환멸을 느끼고 있었는데, WC에 그와 비슷한 생각을 가진 사람들이 모여 있었다는 것.

조사실 안의 상황을 유리창을 통해 지켜보고 있던 마리가 황당한 표정으로 말했다.

"그렇다고 박사님을 납치하고, 일평생을 바쳐 연구한 자료를 삭제했다고?"

"그러게. 정말 어이가 없다."

태산이도 씁쓸한 듯 말했다. 조사실에서 마르탱이 무하마드에게 물었다.

"WC의 지령은 어떻게 받았나요?"

"제 인적사항과 특기를 올렸더니 메일로 연락이 왔더라고요. 그렇게 임무를 부여받았어요."

그런데 지령을 받고 나면 메일 주소가 바로 파기되기 때문에 추적이 절대 불가능하다는 것. 요리가 물었다.

"김 박사를 납치하고, 연구소에 들어가 자료를 삭제한 사람들은 누구죠? 최소 세 명의 공범이 있던데."

"그건 몰라요. 메일에 적힌 주소로 가면을 보내는 것

까지가 저의 일이었어요."

"주소요? 거기가 어디죠?"

요리가 다그치자 무하마드는 파리 외곽에 위치한 생드니의 주소를 털어놓았다.

그렇다면 생드니가 WC의 본거지일까? 그곳에 가면 김대한 박사를 찾을 수 있을까?

2장
WC 수장이 나타났다

생드니 연합작전

무하마드가 가면을 보냈다는 생드니 집에 대한 대대적인 수색 작전이 시작됐다. 마르탱은 먼저 우편국에 전화해, 3일 전 무하마드가 말한 집에 택배가 배달됐음을 확인했다. 그렇다면 그 집에 사는 사람이 수상하다. 마르탱이 CSI 단원들에게 말했다.

"생드니 지역은 상당히 위험한 곳입니다. 테러가 일어날 때마다 테러범과 관련된 지역으로 늘 거론되는 곳이죠. 그러니 이번에는 저희가 앞장서겠습니다."

요리가 동의했다.

"알겠습니다. 저희가 뒤에서 지원하죠."

CSI와 경찰특공대는 곧바로 생드니로 출동했다. 생드니는 파리에서 북쪽으로 11킬로미터 정도 떨어진 도시. 혹시 모를 총격전에 대비해 만반의 준비를 하고, 집 주변을 철통같이 둘러싼 후 마르탱 팀이 나섰다. CSI는 집 앞에 차를 세우고, 창문들을 주시하고 있었다.

마르탱이 벨을 누르자, 잠시 후 한 남자가 문을 열고 나왔다.

"누구세요?"

노래를 부르듯 여유로운 목소리. 게다가 남자는 어린 남자 아이를 안고 있었다. 순간, 마르탱을 둘러싼 네 명의 경찰특공대가 총을 겨누고 있음을 깨달은 남자는 소스라치게 놀라며 소리쳤다.

"무, 무슨 일이에요?"

아이도 놀라 울음을 터뜨렸다. 마르탱이 부하들에게 총을 거두라는 손짓을 하며 물었다.

"이 집에 사시나요?"

"그, 그런데요."

당황한 기색이 역력한 남자는 다급한 목소리로 아내를 불렀다.

"여보! 잠깐 루카스 좀."

현관으로 나온 아내도 경찰특공대의 모습에 화들짝 놀라며 물었다.

"어머나! 무, 무슨 일이에요?"

남편이 아이를 안겨 주자, 아내는 겁먹은 얼굴로 아이를 안고 들어갔다. CSI도 경계 태세를 풀고 차에서 내려 현관 앞으로 왔다. 남편이 현관문을 닫으며 말했다.

"이제 됐어요. 갑자기 무슨 일이죠?"

마르탱이 경찰 신분증을 보이며 말했다.

"최근 파리에서 발생한 일련의 사건에 대해 수사 중입니다. 공범 중 한 명이 이 집으로 범행에 사용된 도구를 보냈다는 증언을 했어요."

"범행에 사용된 도구라니요? 그런 건 받은 적이 없는

데요. 우리는 그냥 평범한 시민이에요."

남편의 직업은 전기수리공, 아내의 직업은 식당 종업원. 세 살배기 아들을 키우며 사는 평범한 가정으로, 테러와는 전혀 관련이 없다는 것이었다. 마리는 남자의 말과 표정에서 진실하게 이야기하고 있다는 느낌을 받았다. 요리가 나서며 물었다.

"우편국에서 3일 전에 이 집으로 택배를 배달했다는 사실을 확인했어요."

남편이 고개를 갸웃하며 말했다.

"글쎄요. 전 아무것도 받지 못했어요. 잠깐만요. 아내에게 물어볼게요."

그러더니 다시 아내를 불렀다. 하지만 아내 역시 금시초문이라는 표정.

"택배요? 아니요. 받은 적 없어요."

그렇다면 우편국의 기록이 잘못됐다는 말인가? 아니면 이 부부가 받고도 딱 잡아떼고 있는 것일까? 그런데 다음 순간, 아내가 생각난 듯 말했다.

"맞다! 3일 전에 택배 배달 문자가 하나 왔었어요. 배달

시킨 게 없으니까 뭔가 했는데, 집에 왔더니 역시나 아무 것도 없더라고요. 그래서 잘못 온 문자인 줄 알았죠."

철민이가 물었다.

"두 분 다 일을 하시면 낮에는 집에 아무도 없을 텐데, 택배는 어떻게 받나요?"

남편이 대답했다.

"현관에 있는 개구멍에 넣고 가요. 우리 집에 오는 배달원 분들은 다 알죠."

순간, 마리는 상황이 짐작됐다.

"WC가 그걸 알고 이용한 거 아닐까요?"

무하마드가 수사팀에 가짜 주소를 알려 준 게 아니라면, WC가 일부러 낮에 아무도 없는 집을 골라 무하마드에게 일러 줬을 수도 있다. 추적을 피하기 위해서. 마르탱이 말했다.

"그래도 신원 조회와 집안 수색은 해야 합니다."

아내가 곤란한 표정으로 말했다.

"루카스가 많이 놀랐어요. 경찰이 들어오면 더 놀랄 거예요."

요리가 나섰다.

"일단 저희가 물러나 있을 테니까 어머님이 아이를 잠시 데리고 나갔다 오시는 건 어떨까요?"

남편이 동의했다.

"그게 좋겠어요."

아내도 할 수 없이 고개를 끄덕였다. 마르탱은 경찰특공대를 후퇴시켰다. 잠시 후, 아내가 아이를 데리고 나와 차에서 기다렸다. 마르탱은 부하들에게 집안 수색을 명령하고 사무실에 전화해 남편과 아내의 신원 조회를 의뢰했다. 요리가 남편에게 물었다.

"낮에 이 집에 아무도 없다는 것을 아는 사람들이 또 있나요?"

남편이 대답했다.

"이웃들은 다 알죠. 저희 집뿐 아니라 동네 사람들 대부분이 맞벌이예요."

그렇다면 범인을 잡기가 쉽지 않겠다는 생각이 들었다. 그사이 철민이와 마리, 태산이는 서재를 수색하고, 책상에 있는 컴퓨터를 확인했다. 무하마드도 인터넷 사이트를 통해 WC에 가입했다고 하니, 그런 사이트에 들어간 흔적이 있는지 알아보기 위해서였다. 하지만 그런 흔적은 어디에도 없었다.

집 안을 이 잡듯 샅샅이 뒤진 경찰특공대도 수상한 것을 발견하지 못했다. 부부에 대한 신원 조회 결과도 테러와는 특별한 관련성이 없었다. 결국 마르탱은 철수 명령을 내렸다. 남편이 억울하다는 표정으로 말했다.

"이렇게 함부로 쳐들어와서 집 안을 발칵 뒤집어 놓아도 되는 겁니까? 편안해야 될 토요일 오후를 완전히 망쳤잖아요."

마르탱이 뻣뻣하게 말했다.

"우리에게는 테러와 관련 있다고 의심되는 사람이나 장소는 언제, 어디든지 수색할 책임과 의무가 있습니다."

고지식한 마르탱. 말투도 너무 직설적이다. 요리가 대신 사과했다.

"편안한 토요일을 망쳐서 죄송합니다. 저희 임무라 어쩔 수 없었으니 양해해 주세요. 아내 분과 아이도 많이 놀랐을 텐데, 다시 한 번 진심으로 사과드립니다."

남편은 그제야 화가 좀 풀리는 표정. 그렇게 경찰특공대와 CSI의 샌드니 연합작전은 별 성과 없이 끝이 났다.

수장이 나타났다

CSI는 지친 몸을 이끌고 숙소로 돌아갔다. 그런데 숙소 앞에 어제 만난 루이가 와 있는 것이 아닌가. 모두 화들짝 놀랐다. CSI의 숙소를 어떻게 알고 찾아왔을까?

"안녕하세요!"

루이가 반기며 인사하자, 태산이가 딱딱한 말투로 물었다.

"여긴 어떻게 알고 왔지?"

그제야 고백하는 루이.

"저희 아빠가 차영훈 공사세요."

마리가 이제 알겠다는 듯 말했다.

"아! 네 이름이 차루이였지."

태산이는 기가 막혔다. CSI의 숙소는 일급비밀이다. 아무리 아들이라고 해도 가르쳐 주면 안 되는 것이다.

루이가 눈치챈 듯 얼른 변명했다.

"아빠가 가르쳐 주신 건 아니에요. 여기가 원래 한국에서 귀빈이 오시면 묵는 곳이거든요. 그래서 여기 계실 거라고 짐작한 거예요."

요리가 말했다.

"일단 안으로 들어가자."

이유야 어떻든 차 공사의 아들이라는데 바로 내칠 수는 없었기 때문이다. 모두 들어가 소파에 앉자, 요리가 말을 꺼냈다.

"루이, 어제도 말했지만 넌 CSI 특별수사단에 들어올 수 없어."

그런데 루이가 손을 내저으며 말했다.

"아니에요. 그것 때문에 온 거 아니에요."

"그럼?"

마리가 묻자, 루이가 휴대전화를 꺼내며 말했다.

"아직 뉴스북 못 보셨죠? WC의 수장이 나타났어요!"

"뭐?"

모두 놀라 소리쳤다. 그리고 루이가 보여 주는 SNS를 봤다. SNS는 소셜 네트워크 서비스(Social Network Service)의 줄임말로, 특정한 관심사나 활동을 공유하는 사람들의 관계망을 만들어 주는 온라인 서비스다. 그중에서도 세계적으로 가장 많은 사람들이 쓴다는 뉴스북. 그런데 뉴스북에 '나는 WC의 수장이다'라는 글이 올라와 있는 것이었다. 사진도 여러 장 올렸는데, 루이가 그중 사진 한 장을 확대해 보여 주며 말했다.

"이 사람이 김대한 박사님이래요."

한 남자의 뒷모습이 보이고, 누군가 그 남자의 뒤쪽에서 총구를 겨누고 있는 사진이었다. 모두 경악했다.

"이 사람이 정말 김대한 박사님이야?"

마리가 놀라 되묻자, 요리가 차분하게 말했다.

"아직 속단하기는 일러. 박사님과 풍채가 비슷한 것 같긴 하지만 뒷모습이잖아."

철민이가 다른 사진들을 보며 말했다.

"김 박사님 납치 관련 사진들도 있어요."

납치 현장에서 발견된 WC의 경고문, 세계 뉴스들의 반응 등을 모은 사진들이었다. 그리고 마지막 장에는 '인류를 멸망시키는 과학과 기술의 발전을 당장 멈춰라!'라고 쓰여 있었다.

루이가 말했다.

"이 글을 본 사람이 1,000명 정도니까 아직 넓게 퍼진 건 아니에요. 제가 아주 빨리 발견한 셈이죠."

이 틈에 깨알자랑을 하는 루이. 어제 본 모습 그대로다. 태산이가 마음에 들지 않는다는 투로 말했다.

"하지만 이것만 가지고는 이걸 올린 사람이 WC의 수장이라고 확신할 수 없어. 장난일 수도 있잖아."

마리가 의견을 말했다.

"그래도 수사는 해 봐야 되는 거 아닐까?"

루이가 얼른 끼어들어 아는 척을 했다.

"IP 주소를 추적해 보면 돼요. 뉴스북 본사에 전화해서 이 글을 쓴 사람의 IP 주소를 추적해 달라고 하는 거예요. 개인적으로는 안 되겠지만 CSI가 공식적으로 요청하면 알려 줄 거예요."

인터넷에 접속하는 모든 기기는 자신의 주소를 가진다. 그걸 IP 주소라고 하는데, 한마디로 컴퓨터 네트워크의 전화번호와 같다. 그러니까 그걸 추적하면 어떤 컴퓨터로 글을 올렸는지 알 수 있고, 글을 올린 사람을 찾을 수 있는 것. 마리가 놀란 표정으로 말했다.

"오! IP 추적하는 것도 알아?"

루이가 또 깨알자랑을 했다.

"제가 컴퓨터를 좀 잘하거든요."

태산이는 틈만 나면 자기 자랑을 하는 루이가 못마땅했다. 자신의 생각을 많이 드러내지 않는 태산이의 성격과 달라도 너무 달랐기 때문이다.

그때 요리가 말했다.

"좋아. 일단 수사는 해 보자. 양 팀장, 미국 뉴스북 본사에 IP 추적 의뢰해."

"네!"

철민이는 곧바로 뉴스북 본사에 공문을 보내 IP 추적을 의뢰했다. 태산이가 의문을 제기했다.

"IP 추적을 하면 바로 잡힐 텐데 '내가 WC 수장'이라고 주장했다? 너무 무모한 거 아니에요? 앞의 두 범행에서 보인 패턴과 너무 달라요."

이제까지 WC는 상당히 철저하고 지능적으로 범행을 저질렀다는 것. 마리는 다른 의견을 냈다.

"처음 사건을 일으키자마자 WC가 한 일이라고 공개한 것도 그렇고, 연구실 컴퓨터에 글을 남긴 것도 그렇고, WC 수장은 오히려 계속 자신의 정체를 노출하고 있어요. 마치 자신의 범행을 모든 사람이 알아 주길 원하는 것처럼요."

루이도 나섰다.

"저도 그렇게 생각해요. 어쩌면 자신을 계속 노출시키면서 대중의 관심을 즐기는 사람이 아닐까요? 사이코패스 중에는 그런 사람들 많잖아요."

"그럼 WC의 수장이 사이코패스라는 거야?"

마리가 묻자, 루이가 고개를 끄덕였다.

"전 그렇게 생각해요. 과학과 기술의 발전이 인류를 망치다고 주장하면서 과학과 기술의 발전을 무조건 막아라, 그렇지 않으면 계속 범행을 저지르겠다. 말도 안 되는 얘기죠. 결국 자신의 범행을 정당화하려는 말장난일 뿐이에요. 완전 사이코패스죠."

왠지 설득력 있는 루이의 말. 잘난 척 말하는 투가 어른 흉내 내는 어린아이 같지만, 사람들의 이목을 집중시키고 상당히 논리적인 구석이 있다. 그래서 CSI도 자꾸 루이의 말에 설득당하는 느낌. 그때 철민이가 뉴스북 본사에서 받은 조사 결과를 전했다.

"협조가 상당히 빠른데요. IP 주소 나왔어요. 그런데, 어라? 한국이에요!"

"한국?"

모두 놀라 되묻자, 철민이가 말을 이었다.

"서울 수리동이요!"

루이가 깜짝 놀라며 소리쳤다.

"그럼 WC 수장이 한국 사람이라는 말이에요? 한국

사람이 한국의 첫 노벨생리의학상 수상자를 납치했다고요?"

그렇다면 정말 국제적인 망신이다. 요리는 얼른 한국에 있는 어 교감에게 전화해 상황을 전했다.

진짜일까? 가짜일까?

"알았어. 일단 확인해 볼게."

어 교감은 전화를 끊자마자 곧바로 요리가 가르쳐 준 주소지를 찾아갔다. 그런데 수리동 지하철역 근처에 있는 PC방 컴퓨터였다. 프랑스에서 김대한 박사를 납치하고, 연구소의 철저한 보안 시스템을 뚫고 들어가 연구 자료를 모두 삭제한 WC의 수장이 한국의 PC방에서 자신이 수장임을 밝힌다? 어 교감은 직감했다.

'가짜군.'

어 교감이 요리에게 전화해 결과를 전하자, 요리가 다시 단원들과 루이에게 말했다.

"PC방 컴퓨터였대."

루이가 실망해 되물었다.

"그럼 누군가 자신이 WC 수장인 척 사칭한 글을 올렸다는 건가요?"

요리가 말했다.

"그런 것 같아. SNS 사칭은 최근 아주 자주 일어나는 범죄야. 외국에 본사를 둔 대다수의 SNS 사업자들이 가입 과정에서 개인정보를 구체적으로 요구하거나 확인하지 않기 때문이지. 대부분 이름과 이메일만 등록하면 가입이 가능하거든."

태산이가 그럴 줄 알았다는 표정으로 말했다.

"내가 수상하다고 했잖아."

하지만 루이는 우겼다.

"범인이 잡히지 않으려고 일부러 PC방 컴퓨터를 썼을 수도 있잖아요. 가짜 계정을 쓰는 건 범죄자들이 흔히 하는 일이에요."

마리도 의견을 말했다.

"루이 말도 일리가 있어요. 그리고 만약 가짜라고 해도 잡아야 되는 거 아니에요? 계속 이렇게 사칭하고 다니면 수사에 혼선을 줄 수도 있잖아요."

철민이도 동의했다.

"그냥 두면 또 다른 가짜가 나타날지도 몰라요. 또 그냥 단순히 사칭하는 것으로 끝나는 게 아니라 그걸 범죄에 이용할 수도 있고요."

요리가 잠시 생각하더니 결정을 내렸다.

"좋아. 그럼 잡는다! 진짜든 가짜든."

요리가 어 교감에게 전화해 부탁했다.

"뉴스북에 글을 올린 시간이 한국 시간으로 어젯밤 9시 32분이에요. 그때 PC를 사용한 사람을 알아봐 주세요."

어 교감이 말했다.

"벌써 알아봤지. 이름은 서지만. 그런데 적어 놓은 전화번호로 전화해 보니, 없는 번호야. PC방 CCTV 녹화 영상도 확보했는데,

30대 정도 되어 보이는 남자더라고."

그사이 벌써 다 조사한 것. 역시 어 교감이다.

"좀 더 조사하고 연락할게."

어 교감이 전화를 끊자, 태산이가 말했다.

"가짜라면 정말 화날 것 같아요. 김 박사님 사건에 집중해야 할 마당에 가짜 범인까지 판을 치니 말이에요."

그때 루이가 끼어들었다.

"SNS 사칭범은 SNS로 잡아야 돼요. SNS에는 생각보다 아주 많은 기록이 남아 있거든요."

루이가 뉴스북을 보이며 말을 이었다.

"이름이 서지만이라면서요. 물론 그것도 가짜일 수 있지만……. 일단 뉴스북에서 서지만이라는 이름의 계정을 다 찾아봤어요. 모두 34명이에요."

마리가 알아듣고 말했다.

"아! 그러니까 34명의 계정에 다 들어가서 의심 가는 사람이 있는지 찾아보자는 거지?"

"네. WC의 수장은 지금 전 세계의 이목이 집중된 사람이에요. 그런데 그저 장난으로 WC의 수장이라고 사칭했을까요?"

루이의 말에 마리가 동의했다.

"맞아요. 장난이라 하기에는 도를 넘었어요. 총을 겨누는 사진까지 찍어 올렸잖아요."

철민이도 의견을 같이했다.

"제 생각에도 그냥 넘길 일은 아니에요. 요즘 우리나라에도 테러에 동조하고 폭력적인 성향을 보이는 사람들이 많아졌잖아요. 심지어 세계적으로 악명을 떨치고 있는 테러단체에 들어간 사람도 있었고요."

요리는 잠시 생각하더니 단호한 말투로 명령했다.

"좋아. 계정 조사 시작해."

루이와 CSI는 34개의 계정에 들어가 일일이 어떤 사람인지, 어떤 사진을 올렸는지 확인했다. WC 수장이라고 사칭할 만한 성향을 보이는 사람이 있는지 골라내기 위해서다. 하지만 대부분의 사람들은 자신의 일상이나 여행 사진 등을 올리는 그저 평범한 사람들이었다. 태산이가 중얼거렸다.

"이름까지 속인 것 같은데요."

그런데 바로 그때, 루이가 뭔가 발견하고 말했다.

 "이 사람 좀 수상해요. 최근 세계 각국에서 발생한 테러 사진들을 전부 올려놨어요."

 살펴보니, 정말 매스컴에 올라온 각종 테러 관련 사진들을 수집하듯 모아 놓은 것이었다. 루이가 다른 사진들도 살피며 말했다.

 "게임에 관한 글과 사진도 많이 올렸어요. 그런데 대부분 폭력적인 게임이에요. 총 사진도 많이 올리고 거기에 설명을 달아 놓은 것을 보니, 총에 대해서도 관심이 많아요.

확실히 폭력적인 성향이 있는 사람이에요."

마리가 물었다.

"얼굴 나온 사진은 없어?"

"없어요. 그 대신 지금 어디 있는지는 알겠어요."

"정말? 어떻게?"

모두 놀라 묻자, 루이가 서지만이 방금 올린 사진을 가리키며 말했다. 역시 게임 사진이었다.

"게임을 마치고 자신의 스코어를 과시하기 위해 사진을 찍어 올렸어요. 그런데 스마트폰의 GPS를 켜 놓으면 현재 위치를 자동으로 인식해 글을 올린 위치를 표시해 주거든요. 서지만은 지금 수현동에 있어요. 수현동에 있는 PC방 중 한 곳에 있는 게 분명해요. 다른 게임 사진들도 대부분 수현동으로 표시되어 있는 것으로 봐서 자주 가는 PC방일 거예요."

루이가 자신의 추리를 술술 얘기하자 마리가 감탄하며 말했다.

"SNS에 대해 아주 잘 아는구나!"

"네! 제가 컴퓨터, SNS, 빅데이터, 뭐 이런 데는 박사거든요. 헤헤헤."

 어쩜 이렇게 한 번도 안 놓치고 자랑을 하는지. 그런데 그것도 자꾸 듣다 보니 조금 귀엽다.

 요리는 얼른 어 교감에게 전화해 상황을 알렸다. 어 교감이 말했다.

"좋아. 그럼 수현동을 뒤져 볼게."

 요리가 전화를 끊자, 루이가 아쉬운 듯 말했다.

"아깝다. 내가 한국에 있었으면 지금 당장 달려가서 잡았을 텐데."

 진심으로 안타까운 표정의 루이. 요리는 웃음이 나왔다. CSI도 아니고 경찰도 아니면서 범인을 잡기까지 하겠다니, 열정만큼은 대단하다는 생각이 들었다. 그때 철민이가 고개를 갸웃하며 물었다.

"가만! 그러고 보니 넌 CSI도 아닌데 왜 여기서 수사를 하고 있어?"

 루이도 당황해 말했다.

"네? 그, 그러니까……. 제가 제보했잖아요."

"그러니까 제보자가 제보만 해야지, 왜 수사까지 하고

있냐고. 정말 웃기는 녀석일세. 하하하!"

철민이의 말에 루이가 머리를 긁적이며 대답했다.

"그러게 말이에요. 저도 모르게 그만."

"하하하!"

다들 웃음이 터졌다. 여하튼 차루이, 보통 아이는 아니다. 하지만 태산이는 루이가 영 마음에 들지 않았다. 자기가 뭐라고 CSI에 끼어 수사를 한단 말인가.

사칭범을 잡다

그 시간, 어 교감은 수현동 경찰서로 가서 서장에게 지원을 요청했다.

"WC 수장이라고 사칭한 사람을 추적 중인데, 현재 위치가 수현동 PC방으로 추정됩니다."

서장이 황당하다는 듯 말했다.

"WC 수장이라고요? 간도 크네요. 온 나라가 WC 때문에 난리가 났는데."

"그러게 말입니다. 이름은 서지만, 남성이고, 나이는

30대 정도로 추정됩니다."

어 교감이 수리동 PC방에서 찍힌 CCTV 녹화 영상을 보여 줬다. 서장이 벌떡 일어나며 말했다.

"금방 찾아내겠습니다."

서장은 순찰 중인 차에 무전을 보내고, 강력팀장을 불러 인근 PC방을 수색하라고 명령했다. 수현동에 PC방으로 등록되어 있는 업소는 모두 29곳. 어 교감도 PC방 수색에 나섰다.

그렇게 한 30분쯤 찾았을까? 수현동 전통시장 입구에 있는 PC방에 들어가 이용자들의 얼굴을 하나씩 살펴보는데, 어 교감의 눈에 딱 걸리는 사람이 있었다.

'여기 있었군.'

CCTV 녹화 영상 속의 서지만이 틀림없다. 서지만은 아무것도 모르고 게임에 열중하고 있었다. 어 교감이 다가가 신분증을 보이며 말했다.

"경찰입니다. 서지만 씨 맞죠? 같이 좀 가 주셔야겠습니다."

"경찰이요? 무슨 일로?"

서지만은 당황한 표정으로 자리에서 일어나더니, 갑자기 어 교감을 확 밀치고는 비상구 쪽으로 도망을 쳤다. 어 교감이 재빨리 잡으려 했지만 서지만도 날쌔기가 만만치 않았다. 어 교감이 추적하며 인근에 있는 경찰들에게 무전을 쳤다.

"수현동 전통시장 입구, 범인 도주 중."

서지만은 시장통의 오가는

사람들 사이를 잘도 비집고 도망쳤다. 하지만 어 교감이 누군가. 현역 시절부터 맡은 사건은 100퍼센트 해결한다는 우리나라 최고의 형사가 아니던가. 서지만이 지칠 때쯤 번개같이 따라붙은 어 형사가 서지만의 뒷덜미를 낚아챘다.

"어딜 도망가!"

서지만이 반항하며 소리쳤다.

"놔! 놓으란 말이야!"

어 교감이 재빨리 서지만의 팔을 뒤로 꺾고, 발로 무릎을 꺾어 주저앉혔다. 순식간에 제압당한 서지만. 사람들이 몰려들어 웅성댔다.

"왜 그래? 도둑인가?"

어 교감이 서지만의 귀에 대고 말했다.

"수갑 차고 갈래? 그냥 갈래?"

서지만이 잔뜩 겁을 먹고 말했다.

"그, 그냥 갈게요."

그때 경찰차 사이렌 소리가 요란하게 울리고, 경찰들이 뛰어왔다. 어 교감이 서지만을 넘기며 말했다.

"경찰서로 연행하세요."

결국 체포된 서지만. 나이는 36세. 무직이고 게임중독자. 주로 폭력적인 게임에 심취해 있고, 테러나 각종 무기류 등에 관심이 많다는 것. 루이가 SNS만 보고 제대로 짚은 것이다.

어 교감이 서지만에게 물었다.

"왜 WC 수장이라고 사칭한 거죠?"

"그냥 재미로 해 본 거예요. 그렇게 순식간에 퍼질 거라고는 생각 못 했어요."

어 교감이 김 박사에게 총을 겨눈 것처럼 찍은 사진을 보여 주며 물었다.

"이건 어떻게 찍은 거예요?"

"그냥, 친구랑 장난으로······."

어 교감의 목소리가 높아졌다.

"지금 김대한 박사 찾으려고 난리난 거 모릅니까? 또 김 박사 가족이 이 사진을 보면 얼마나 큰 충격을 받을지 생각해 봤어요? 당신은 재미로, 장난으로 한 일이지만 다른 사람들에게는 큰 상처가 될 수 있다고요."

SNS 사칭 사건의 대부분이 그저 재미나 장난으로 시작한 일이라고 하지만 당사자에게는 큰 고통과 손해를 입힐 수 있다는 것을 왜들 모를까. SNS는 사람들을 연결시켜 소통하게 해 주는 장점이 있지만, 그로 인해 벌어지는 사회적인 문제점도 상당히 많다. 어쩌면 그게 WC가 주장하는 과학과 기술의 발전으로 인한 폐해라고 볼 수도 있다. 그러니까 SNS에서 자유로운 소통을 하기 위해서는 예의를 지켜야 한다. 내 권리가 소중하듯 다른 사람의 인권도 소중한 거니까.

 어 교감이 말을 이었다.

 "서지만 씨, 당신 찾으려고 공권력이 얼마나 낭비됐는지 압니까?"

 "죄송합니다."

 서지만이 고개를 떨궜다. 그런데 문제는 SNS 사칭은 아직 법적으로 처벌이 안 된다는 것. 상대방을 모욕했거나 명예훼손, 또는 금전적인 피해를 줬으면 모를까, 다른 사람을 사칭했다는 행위는 지금으로서는 처벌할 법이 마땅히 없다는 것이다. 결국 서지만은 훈방 조치로 풀려났다.

루이의 소원

서지만의 훈방 소식을 들은 루이는 잔뜩 약이 오른 표정으로 말했다.

"풀어줬다고요? 왜요? 그런 사람을 왜 처벌하지 않는 거죠?"

요리가 말했다.

"서지만을 처벌할 마땅한 법과 기준이 없기 때문이야. 하지만 최근에 관련 처벌법이 마련돼야 한다는 의견이 많이 나오고 있으니까 곧 법이 만들어질 거야."

씩씩거리는 루이를 달래기 위해 마리가 칭찬을 건넸다.

"여하튼 이번 사건 해결에 루이가 큰일을 했네."

칭찬 한마디에 루이는 표정이 확 풀어지며 말했다.

"그러니까 저도 CSI 특별수사단에 끼워 주세요. 오늘 제 실력 보셨잖아요."

또다시 조르는 루이. 정말 집념 하나는 대단하다. 요리가 물었다.

"그런데 루이야, 왜 그렇게 CSI 특별수사단이 되고 싶어 하는 거지?"

루이가 대답했다.

"제 꿈이 원래 형사거든요. 한국에 어린이 형사학교랑 CSI가 있다는 걸 알고는 완전 흥분했죠. 만약 제가 한국에 살았으면 틀림없이 어린이 형사학교에 들어가 CSI가 됐을 거예요."

하지만 아빠가 외교관이라 줄곧 외국에 살아온 루이.

"그래서 프랑스 어린이 경찰 캠프에 참가해서 1등으로 수료증도 받았어요."

뿐만 아니라, 태권도, 유도, 수영 등 운동도 열심히 하고 있다는 것. 루이가 한껏 부푼 표정으로 말했다.

"그런데 아빠가 한국에서 CSI가 온다고 하시는 거예요. 내 인생 최고의 기회라고 생각했죠."

철민이가 진지하게 말했다.

"하지만 우리가 하는 일은 아주 위험해. CSI는 어린이 형사학교에서 많은 것들을 공부하고 각종 무술을 익혔어. 또 실제 사건에 투입되어 성공적으로 수사를 한 경험이 있기 때문에 지금 이런 일을 할 수 있는 거야."

그러나 루이는 포기하지 않고 간절한 표정으로 말했다.

"정식 형사를 시켜 달라는 건 아니에요. 아! 인턴 형사는 어때요?"

"인턴 형사?"

처음 듣는 소리에 모두 황당한 표정. 태산이가 단칼에 잘라 말했다.

"인턴 형사 같은 건 없어."

루이가 말했다.

"지금까지 없었다고 앞으로도 없으란 법은 없잖아요."

맞는 말이다. 세상 모든 일은 늘 예상치 못한 방향으로 흘러간다. 그러니 꼭 예전의 방식이 옳다고만 볼 수는 없다. 루이의 열정에 요리가 잠시 생각하더니 말했다.

"좋아, 한번 생각해 볼게. 그런데 장담은 못 해. 형사학교 교장선생님, 교감선생님이랑 경찰청장님께도 허락을 받아야 되거든."

루이가 벌떡 일어나 연신 인사하며 말했다.

"감사합니다. 감사합니다."

루이가 돌아간 뒤, 회의가 열렸다. 요리가 물었다.

"어떻게들 생각해?"

마리가 나섰다.

"전 좋아요. 처음에는 어린아이가 좀 당돌하다고 생각했는데, 매력이 있더라고요."

그러자 태산이가 단호한 말투로 말했다.

"매력으로 형사를 뽑나? 실력으로 뽑아야지."

그래도 마리는 루이 편을 들었다.

"그러니까 더 그렇지. 무하마드 잡은 것도 그렇고, 이번 사건도 그렇고 루이가 큰 도움이

된 건 사실이잖아. 그리고 오늘 보니까 컴퓨터나 첨단 네트워크 쪽으로는 전문가 수준이야."

요리는 태산이가 루이를 못마땅해하는 것을 느끼고 있었기 때문에 다시 물었다.

"태산이는 반대야?"

요리가 단도직입적으로 묻자, 태산이가 머뭇거리며 대답했다.

"반대라기보다는 훈련이 안 된 아이를 수사에 참여시켜도 괜찮을까 걱정되는 거죠."

요리는 고개를 끄덕이고는 철민이에게 물었다.

"양 팀장은 어떻게 생각해?"

철민이가 잠시 생각하더니 말했다.

"넷이 같이 다닐 때는 괜찮은데 두 팀으로 나눠 수사하게 되면 제가 프랑스어랑 여기 지리를 잘 몰라 힘들 것 같기도 해요. 그러니 인턴 형사가 하나 있어도 나쁘지 않을 것 같아요. 위험한 일에서는 당연히 빼는 걸로 하고요. 물론 엄청 시끄럽다는 단점이 있지만 말이에요, 하하하."

맞다. 루이가 있으면 엄청 시끄럽다. 낄 데 안 낄 데 다 끼고, 쉴 새 없이 떠들어 대는 스타일이니 말이다. 요리가 장난을 쳤다.

"무슨 소리야. 난 루이 보고 딱 양철민 2세라고 생각했는데."

"네? 제가 그 정도로 시끄러워요?"

철민이가 눈을 껌벅이며 묻자, 요리가 어깨를 으쓱하며 말했다.

"몰랐어?"

"하하하!"

모두 웃음이 터졌다. 팀장이 되어 좀 진중해진 것 같긴 하지만, 첫날 만나자마자 농담을 했던 것이 진짜 철민이의 모습이다.

요리가 회의를 마무리지었다.

"일단 한국에 여쭤 보자. 우리끼리 결정할 수 있는 문제는 아니니까."

요리는 어 교감에게 전화해 루이에 대해 이야기했다. 그리고 오늘 서지만을 찾아낸 것도 루이 덕분임을 밝혔다.

어 교감이 물었다.

"인턴 형사? 그런 게 꼭 필요할까?"

요리가 한국이 아닌 프랑스에서 수사하는 어려움에 대해 이야기하자, 어 교감은 교장선생님과 의논해 보겠다고 대답했다.

과연 루이는 소원대로 CSI 특별수사단의 인턴 형사가 될 수 있을까?

3장

용의자를 구하라!

일요일에 생긴 일

다음 날은 일요일 아침. CSI는 파리에 도착하자마자 짐만 풀고 바로 수사를 시작하는 바람에 쉴 여유가 없었다. 시차 적응도 어려워 밤에도 잠을 잘 못 자 모두 체력이 바닥난 상태. 그래서 요리는 단원들에게 오늘만은 숙소에서 푹 쉬라고 일렀다.

모두 곯아떨어져 자다 보니, 어느새 해가 중천에 뜬 시간. 마리와 태산이는 솔솔 풍기는 맛난 냄새에 잠을 깼다. 나가 보니, 요리가 밥상을 차리고 있었다. 차 공사가 채워 놓은 냉장고 속 재료들로 뚝딱 맛있는 한식 밥상을 차린 것이다. 마리와 태산이가 동시에 탄성을 질렀다.

"우와! 맛있겠다!"

"이걸 다 만드신 거예요?"

마리가 얼른 숟가락을 놓으며 묻자, 요리가 대답했다.

"재료가 별로 없어서 대강 만들었어. 어서 앉아."

타지에서 수사하느라 밥도 제대로 먹지 못한 단원들이 마음에 걸려 준비한 것. 정말 감동이다. 철민이도 냄새를 맡고 나왔다.

"완전 진수성찬이네요!"

요리 덕분에 오랜만에 정말 맛있는 집밥을 먹을 수 있었다. 우리나라 최고 요리연구가의 솜씨에 따뜻한 마음까지 담겼으니 어찌 맛이 없을 수 있겠는가. 특히 마리는 불고기가 너무 맛있었다. 그래서 열심히 먹고 있는데, 철민이가 불고기 접시를 마리 앞으로 밀어 주며 말했다.

"마리가 불고기 좋아하는구나. 자, 많이 먹어."

"많이 먹고 있어요. 같이 드세요."

마리가 손사래 치며 말하자, 태산이가 장난을 쳤다.

"저도 불고기 좋아하는데 먹어도 되죠?"

철민이가 살짝 당황하며 말했다.

"어, 그, 그럼. 태산이도 많이 먹어."

그런데 밥을 다 먹은 후 마리가 설거지를 하겠다고 나서자, 또 철민이가 벌떡 일어나며 말했다.

"설거지는 내가 할게. 마리 넌 가서 쉬어."

요리는 철민이가 평소와 다르다는 걸 느꼈다. 철민이가 착하기는 해도 남을 이렇게 챙기는 스타일은 아니기 때문이다. 팀장이 되어 그런 것일까?

사실 철민이는 마리에게 마음이 갔다. 예쁘기도 하지만 밝은 기운이 뿜어져 나온다고나 할까. 며칠 동안 함께 지내면서 늘 긍정적이고 센스 있는 마리를 보니 더 호감이 갔고, 잘해 주고 싶은 마음이 들었다.

결국 철민이와 태산이가 설거지를 했다. 그리고 모두 오랜만의 휴식을 만끽하고 있는데, 어 교감이 전화를 했다.

"인턴 형사는 허락하셨어. 그 대신 위험한 일에서는 꼭 제외시켜야 돼."

"네. 걱정 마세요."

요리가 전화를 끊자, 마리가 말했다.

"루이가 좋아하겠네요."

"그러게요. 소원 성취했네요, 하하하!"

철민이도 웃으며 말했다. 요리가 태산이에게 부탁했다.

"태산아, 루이에게 전화해 줘. 내일 아침 8시까지 여기로 오라고."

태산이가 루이를 마음에 들어 하지 않는 것을 알기 때문에 일부러 시킨 것. 태산이가 떨떠름한 표정으로 되물었다.

"제, 제가요?"

"응. 왜? 내키지 않아?"

"아, 아니요. 알겠습니다."

개인적인 감정으로 단장의 지시를 거부할 수는 없는 일. 태산이는 루이에게 전화해 소식을 전했다. 예상대로 완전 흥분한 루이.

"감사합니다! 감사합니다! 정말 열심히 하겠습니다. 저

그럼 당장 거기로 갈게요. 잠깐만 기다리세요."

태산이가 얼른 말렸다.

"아, 아니. 오늘은 우리도 쉬는 날이니까 내일 아침 8시까지 오면 돼."

"내일 아침 8시요? 아, 네. 알겠습니다. 그럼 내일 갈게요. 고맙습니다!"

결국 그렇게 루이는 CSI 특별수사단의 인턴 형사가 되었다. 태산이가 전화를 끊자, 철민이가 말했다.

"너희들이 잘 가르쳐 주고 보호해 줘."

"네!"

마리와 태산이가 대답했다. 하지만 태산이는 루이와 잘 지낼 수 있을지 걱정이 앞섰다. 여하튼 새로운 단원도 생겼으니, 내일부터는 수사에 박차를 가해서 하루빨리 김 박사를 찾아내야 한다.

그런데 저녁을 먹고 나자, 마르탱에게서 전화가 왔다.

"김대한 박사를 납치한 용의차량을 찾았어요."

요리가 깜짝 놀라 되물었다.

"정말요? 어디서요?"

마르탱이 대답했다.

"생드니의 택배 받은 집 있죠? 그 집 근처에 있는 공원 주차장에 버려져 있었어요."

택배 받은 집에서 아무런 단서를 찾지 못한 후, 마르탱은 그 주변을 샅샅이 뒤졌다. 분명히 범인들은 주변 지역을 잘 알고 있을 거라고 생각했기 때문이다. 그러던 중 인근 주차장에 세워져 있는 용의차량을 발견한 것. 그렇다면 김 박사도 생드니 어딘가에 감금되어 있을지도 모른다.

"그럼 범인들이 생드니에 머물고 있을 확률이 더 높아진 거네요?"

요리의 말에 마르탱이 대답했다.

"그래서 오늘 밤에 생드니에 거주하는 테러 용의자들을 급습하는 작전을 수행할 예정입니다. 그들 가운데 김 박사 납치 사건과 관련된 자가 있는지 검거 후 추궁할 생각입니다."

"그럼 CSI도 함께 하겠습니다."

요리가 나섰지만 마르탱은 단호하게 거절했다.

"아니요. 이번 작전은 경찰특공대 대테러단이 투입되는 아주 위험한 작전입니다. 합동작전은 불가능해요. 그래도 미리 알려야 될 것 같아 전화드린 겁니다. 작전이 끝나면 다시 연락하죠."

그러고는 전화를 끊어 버리는 것이었다. 철민이가 황당하다는 표정으로 말했다.

"흠, 우리 실력을 아직 못 믿겠다는 거네요."

태산이도 나섰다.

"그렇다고 가만히 있을 수는 없지 않나요?"

마리도 동의했다.

"맞아요. 우리도 생드니로 가 봐요."

하지만 요리는 고개를 저었다.

"아니. 우리는 대기한다."

철민이가 이해할 수 없다는 표정으로 물었다.

"왜요?"

"긴급작전이니 두 명의 지휘관을 둘 수 없다고 생각했을 거야. 검거할 인물들 가운데 김 박사 납치 사건 용의자가 포함되어 있는지도 아직 확실치 않고. 일단 믿고 기다려 보자."

말은 그렇게 했지만, 요리도 마르탱이 CSI를 견제하고 있다는 것을 충분히 느끼고 있었다. 이전의 합동작전이야 CSI가 알아낸 단서들로 이루어진 것이니 마르탱도 어쩔 수 없었던 것. 그러나 이번 작전은 같이 하고 싶지 않다는 뜻을 분명히 한 것이다. 공조 수사가 성공하려면 서로 소통이 잘 돼야 하는데, 이렇게 계속 견제를 하고 나서면 어떻게 해야 할지 걱정이다.

용의자를 놓치다

한편, 마르탱은 밤 9시에 전격적으로 이루어질 기습작전을 준비하느라 정신이 없었다. CSI를 따돌리는 것 같아 마음에 걸렸지만, 지금까지 테러 용의자를 검거하는 긴급작전에 두 명의 지휘관을 둔 적은 없었다. 그만큼 신속하고 정확한 지시가 생명인 작전이기 때문이다.

이번 작전으로 검거할 용의자는 모두 다섯 명. 그중 세 명은 테러단체 조직원들로, 최근 공공장소에서 테러를 벌일 것을 모의하고 있다는 첩보와 관련된 자들이다. 그리고 나머지 두 명은 주변 탐문을 통해 김 박사 납치 사건과 연관성이 있다고 의심되는 인물들이다.

한 명은 29세 여성으로 시리아 출신 이민자인 미셸 카사르. 폭력 전과가 있고, 극단주의 성향의 블로그를 운영하고 있으며, 결정적으로 무하마드가 택배를 보낸 집에서 몇 달 전 아이를 돌봐 주는 보모로 잠시 일한 적이 있다는 것. 그때 낮에 그 집에 아무도 없다는 사실과 택배를 개구멍으로 넣어 둔다는 사실을 알았을 것이다. 다른 한 명은 프랑스인 남성 자크 쥐페. 미셸과는 고등학교 동창이고, 졸업 후 은둔형 외톨이로 살며 테러단체와 접촉한 사실이 있었다.

마르탱은 자크와 미셸이 WC 일원일 가능성이 높다고 보았다. 하지만 CSI에게 자세한 내용을 알리지 않은 것

은 이번에야말로 프랑스 경찰특공대가 성과를 내야 한다는 초조함 때문이었다.

마르탱은 경찰특공대 대테러단을 모두 다섯팀으로 나누어 용의자들의 거주지에 대기시켰다. 팽팽한 긴장감이 흐르고, 드디어 밤 9시. 마르탱의 명령이 떨어졌다. 특공대원들은 동시다발적으로 용의자들의 거주지를 급습했다.

차가운 밤공기를 가르며 일사분란하게 이루어진 작전.

그러나 결과는 아쉬웠다. 세 명의 용의자는 검거에 성공했지만, 자크와 미셸은 이미 도주한 뒤였다. 그나마 검거한 세 명이 새로운 테러를 계획 중이었다는 증거를 확보한 것이 이번 작전의 소득이었다.

한편, 밤 12시가 넘도록 마르탱의 전화가 없자, 철민이가 안절부절못하며 말했다.

"작전이 실패한 거 아니에요? 아니면 우리한테 뭔가 숨기는 게 있거나."

태산이도 동의했다.

"기습작전이 이렇게 늘어질 리가 없는데……. 뭔가 문제가 생긴 것 같아요."

요리도 시간이 갈수록 초조해지기 시작했다. 사실 요리는 오늘부터 생드니 지역을 샅샅이 훑어보고 싶었지만 단원들이 너무 무리하는 것 같아 눈 딱 감고 하루 쉬기로 했던 것이었다. 그런데 그사이 마르탱에게 수사의 주도권을 빼앗긴 것이다. 요리는 아까 끝까지 우기고 작전에 참여할 걸 그랬나 하는 후회가 됐다.

그렇게 밤을 꼬박 새우다시피 한 CSI. 시곗바늘이 새벽

6시를 가리키자 요리가 명령했다.

"경찰특공대로 간다!"

모두 부리나케 준비를 마치고 출발했다. 마르탱은 자신의 사무실로 새벽같이 들이닥친 CSI를 보고 놀라 물었다.

"이 시간에 무슨 일로?"

그러더니 그제야 생각난 듯 말했다.

"아, 미안해요. 연락드리려 했는데 너무 바빠서 그만."

요리가 단도직입적으로 물었다.

"용의자는 잡았나요?"

CSI의 모든 시선이 마르탱에게 쏠렸다. 마르탱은 잠시 머뭇거리더니 말했다.

"용의자 셋은 검거했는데, 나머지 둘은 이미 도망간 후였어요."

"뭐라고요? 도망간 후였다고요? 아니, 도망가기 전에 잡았어야죠!"

흥분한 철민이가 저도 모르게 소리쳤다. 마르탱도 버럭 화를 냈다.

"현장에 없었으면서 함부로 말하지 말아요!"

철민이도 지지 않고 대꾸했다.

"합동작전이 불가능하다고 일방적으로 말한 건 그쪽이에요. 공조 수사를 하기로 해 놓고 왜 용의자에 대한 정보를 공유하지 않는 겁니까? 그리고 왜 자꾸 CSI를 수사에서 제외시키려는 거죠?"

"CSI를 수사에서 제외시키다니요? 그게 아니라, 긴급작전이라고 했잖아요."

요리가 얼른 나섰다.

"잠깐! 잠깐만요. 지금 둘 다 너무 감정적이네요."

솔직히 태산이와 마리는 철민이의 항의에 속이 시원했다. 지금까지 마르탱의 행동에 불만이 컸기 때문이다. 요리가 낮지만 단호한 목소리로 말했다.

"한국 CSI와 프랑스 경찰특공대의 공조 수사는 이미 두 나라 정부에서 합의한 내용입니다. 용의자에 대한 신상을 공개해 줄 것을 정식으로 요청합니다."

마르탱이 억울하다는 듯 말했다.

"정보는 공개하려고 했어요. 새로운 테러 모의 증거가 나와서 그 사건부터 처리하느라 늦어진 것뿐이에요."

마르탱은 자크와 미셀에 대한 자료를 넘겨주며, 두 사람이 WC 일원으로 의심된다고 덧붙였다. 요리는 화가 치밀어오르는 것을 꾹 참으며, 자신이 잘못 판단한 것을 후회했다. 우겨서라도 작전에 참여했다면 용의자를 놓치는 일은 없었을지 모른다. 요리는 결심했다.

'어떻게 해서든 꼭 자크와 미셀을 잡고야 말겠어!'

마르탱 사무실에서 나오며 철민이가 말했다.

"죄송해요. 제가 욱해서 그만."

요리가 말했다.

"아니야. 나도 겨우 참았어. 자, 당장 생드니로 간다."

마리가 물었다.

"생드니요?"

"응. 어디로 도망갔는지 단서를 찾아야지."

그런데 바로 그때 루이에게서 전화가 왔다.

"저 숙소에 왔는데, 왜 아무도 안 계세요?"

새벽같이 나오느라 루이에게 아침에 오라고 한 것을 깜박 잊고 있었다. 요리가 말했다.

"잠깐 기다려. 곧 태우러 갈게."

차를 돌려 숙소 앞으로 가니 루이가 손을 흔들며 반겼다. 루이는 차에 오르자마자 잔뜩 기대하는 표정으로 물었다.

"지금 출동하는 거예요?"

철민이가 말했다.

"응. 생드니로 갈 거야. 그런데 넌 어디까지나 인턴 형사라는 사실을 잊으면 안 돼!"

"네. 걱정 마세요. 자, 그럼 출동!"

루이의 천진난만한 행동에 요리, 철민이, 마리는 웃음이 터졌다. 하지만 태산이는 웃음이 나오지 않았다.

'흠! 탐정놀이를 하는 줄 아는군.'

시간이 갈수록 루이가 더 마음에 안 드는 태산이. 그런데 이제부터 같은 팀이 되어 함께 수사를 해야 한다니, 한숨이 절로 나왔다.

위치를 추적하다

생드니에 도착하자, 요리가 명령했다.

"일단 용의자의 가족들부터 만나 보자."

철민이가 동의했다.

"그게 좋겠네요. 가족들은 두 사람의 행방을 알고 있을지도 몰라요."

요리와 마리는 자크의 가족을, 철민이와 태산이, 루이는 미셸의 가족을 만나기로 했다. 루이가 프랑스어를 잘하니 이제 두 팀으로 나눠 수사를 진행할 수 있게 된 것이다.

철민이와 태산이, 루이는 수소문 끝에 미셸의 부모가 일한다는 작은 마트를 찾아갔다. 철민이가 묻고 루이가 통역했다.

"한국에서 온 CSI 특별수사단입니다. 미셸에 대해 묻고 싶은 게 있는데요."

말을 꺼내자마자 어머니가 손사래를 쳤다.

"우리는 미셸에 대해 아무것도 몰라요. 그 애가 2년 전 집을 나간 뒤 연락이 아예 끊겼어요."

아버지가 덧붙였다.

"우리 가족은 20년 전에 시리아에서 이곳으로 이민을

왔어요. 그리고 열심히 일하면서 미셸을 위해 최선을 다했어요. 하지만 미셸은 늘 불만이 많았죠. 이제 미셸은 성인이고, 어떤 사상을 가지고 어떻게 살든 관여하지 않아요."

그러더니 나가 달라고 손짓하며 말했다.

"미안합니다. 이제 곧 손님이 몰려올 시간이라."

결국 아무것도 알아내지 못했다. 정말 모르는 건지, 알고도 모른 척하는 건지 가늠할 수가 없었다.

한편, 요리와 마리는 자크의 집을 찾아갔다. 다행히 자크의 어머니가 집에 있었다.

"자크는 어제 아침 편지를 남기고 떠났어요. 잠깐 여행을 다녀온다고. 그래서 정말 여행을 간 줄 알았어요. 오랫동안 집에만 틀어박혀 있었던 애라 차라리 다행이라고 생각했다니까요."

그런데 자크가 WC와 관련이 있을 수도 있다는 말을 듣고 어머니는 무척 충격을 받은 눈치였다. 요리가 물었다.

"최근 아드님 신변에 이상한 점은 못 느끼셨나요?"

"전혀요. 컴퓨터를 많이 하기는 했지만 요즘 젊은 애들다 그렇잖아요."

오래 전 남편과 이혼하고 어머니 혼자 자크를 키웠고, 아버지 없이 어린 시절을 보내며 자크가 상처를 많이 받았다는 것. 소심한 외톨이로 학창 시절을 보내서 그런지 학교를 졸업하고 몇 군데 취직해 일하기도 했지만 오래 다니지는 못했다는 것이었다. 어머니는 아들 편을 들었다.

"심성은 더없이 착한 아이예요. 내가 심장병이 있는데 늘 내 걱정을 해 주고 약 먹을 시간도 챙겨 주고 그랬어요. 이게 다 미셸 때문이에요. 미셸이 우리 아들을 꼬드긴 게 분명해요."

미셸이 학교 다닐 때부터 극단주의 사상에 물들어 있었기 때문에 어머니는 늘 자크에게 미셸을 가까이 하지 말라고 했다는 것. 요리가 자크 어머니를 위로했다.

"상심이 크시겠어요. 제 생각에는 나쁜 일에 더 깊이 빠지기 전에 아드님을 빨리 찾아야 될 것 같아요."

"이러다 자크한테 무슨 일이라도 생기면 어떡해요. 우리 아들 좀 빨리 찾아 주세요. 흑흑흑."

요리는 눈물을 흘리는 자크 어머니에게 휴지를 건네며

조심스럽게 동의를 구했다.

"그래서 부탁드리는 건데요, 집 전화와 어머니의 휴대전화에 도청장치를 설치해도 될까요?"

어머니가 걱정스러운 표정으로 물었다.

"우리 아들을 찾아내면 어떻게 하시려고요?"

"최대한 안전하게 체포하겠습니다. 그리고 죗값은 치러야 되겠지만 WC에 대한 정보를 주면 선처를 받아 형량이 낮아질 수도 있습니다. 여하튼 지금으로서는 더 이상 테러에 연루되지 않도록 해야 되지 않겠어요?"

어머니는 고개를 끄덕이며 애절하게 부탁했다.

"우리 아들을 살려 준다고 약속한다면 좋아요. 아들을 빨리 그 나쁜 일에서 빼내 주세요."

그렇게 해서 CSI는 자크의 집 전화와 어머니의 휴대전화에 도청장치와 발신자 위치 추적장치를 설치했다. 그리고 집 근처에 차를 대고 잠복을 시작했다. 이제 자크가 어머니에게 전화를 걸기만을 기다릴 차례였다.

시간이 흐르고 날도 저물었다. CSI는 퍽퍽한 빵으로 식사를 하며 잠복을 계속했다. 하지만 전화는 오지 않았다.

어느새 밤 10시가 넘어가는 시간. 요리가 말했다.

"아침까지 내가 지키고 있을 테니까 너희들은 숙소로 철수해."

마리가 고개를 저으며 말했다.

"아니에요. 저희도 여기 있을게요."

그런데 바로 그때였다. 따르르릉! 전화벨이 울리는 것이 아닌가.

요리가 단원들에게 눈짓을 보내며 얼른 녹음장치와 발신자 위치 추적장치를 켰다. 곧바로 자크 어머니가 전화를 받았다.

"여보세요? 자크? 우리

아들 맞지?"

자크가 몰래 전화하는 것처럼 낮게 속삭였다.

"네, 엄마. 괜찮으신 거죠?"

"그래, 난 괜찮아. 너 지금 어디니? 얘야, 제발 엄마를 생각해서라도……."

그때였다. 자크가 갑자기 다급하게 말했다.

"죄송해요, 엄마. 나중에 다시 전화할게요."

딸깍. 전화하는 것을 누군가에게 들킨 모양이었다. 요리가 물었다.

"위치 추적됐어?"

"네. 다행히 위치가 잡혔어요. 파리 메트로 4호선 시떼 역 근처 아파트예요."

철민이가 대답하자, 루이가 말했다.

"노트르담 성당이 있는 곳이에요. 근처에 허름한 아파트들이 많이 있어요. 그곳 지리는 제가 잘 알아요."

요리가 신속하게 명령했다.

"좋아! 출동한다!"

철민이가 차를 출발시키자 루이는 긴장되기 시작했다.

진짜 범인을 잡으러 가다니. 그동안 상상만 했던 일이 지금 벌어지고 있는 것이다.

용의자를 구하라!

"마르탱 팀장님한테 연락 안 해도 될까요?"

가는 도중 마리가 물었다. 아까 정보를 공유하라고 큰소리를 쳤는데, CSI 단독으로 용의자를 검거하러 가는 것이 마음에 걸렸다. 요리가 마르탱에게 전화해 상황을 공유했다. 마르탱이 놀라 물었다.

"자크가 있는 곳을 알았다고요? 어떻게요?"

"지금 그게 중요한 건 아니잖아요?"

요리의 날카로운 대꾸에 마르탱이 기죽은 듯 대답했다.

"아, 네. 알겠습니다. 우리도 그쪽으로 가겠습니다."

잠시 후, 자크가 머물고 있는 것으로 보이는 아파트 앞에 도착하자 요리가 말했다.

"루이는 차에 있어."

"네."

루이가 힘없이 대답했다. 위험한 상황에는 절대 투입되지 않는다고 약속했으므로 어쩔 수 없었다. 잠시 후, 마르탱이 대원들을 데리고 현장에 합류했다.

"CSI가 앞장서겠습니다. 뒤에서 엄호 부탁드리고, 용의자 도주로 차단해 주세요."

요리의 요청에 마르탱이 고개를 끄덕이고 분주히 지시를 내렸다. 마침내 용의자 검거에 나선 CSI. 요리가 앞장서고 철민이와 마리, 태산이가 뒤를 따랐다. 마르탱은 혹시 모를 총격전에 대비해 주변 곳곳에 경찰 병력을 배치했다.

조용하고 날렵한 동작으로 순식간에 아파트 현관 앞에 선 CSI. 그런데 문이 활짝 열려 있는 것이 아닌가! 철민이가 맥이 풀린 듯 말했다.

"뭐야! 이번에도 또 놓친 거야?"

그런데 바로 그때, 요리가 갑자기 총을 겨누며 소리쳤다.

"경찰이다! 움직이지 마!"

철민이와 아이들도 재빨리 총을 겨누고 보니, 거실 바닥에 한 남자가 쓰러져 있는 것이었다. 괴로운 듯 숨을

헐떡이면서. 태산이가 소리쳤다.

"자크예요!"

CSI를 공격하기 위해 연기하는 것일 수도 있으므로 철

민이와 마리, 태산이가 엄호하고 요리가 다가가 물었다.

"자크? 자크 쥐페 맞죠? 어떻게 된 거죠?"

자크가 숨을 헐떡이며 말했다.

"사, 살려 주세요."

태산이와 철민이가 재빨리 방과 화장실에 숨어 있는 사람이 있는지 확인했지만 아무도 없었다. 요리가 자크를 살피며 말했다.

"외상은 없는 것 같은데."

철민이도 자크를 보고 말했다.

"테러에 자주 쓰이는 염산이나 황산을 썼으면 화상을 입었을 텐데 화상 흔적도 없어요."

요리는 재빨리 구급대에 전화했다. 그런데 바로 출동해도 오는 데 5분 이상 걸린다는 것. 자크는 숨을 점점 더 크게 헐떡이고 식은땀을 흘리면서 고통을 호소했다.

"머리가, 머리가 너무 아파요."

그러더니 점점 온몸을 비틀며 눈물에 콧물까지 줄줄 흘리는 것이었다. 더 이상 지체할 시간이 없다. 그런데 원인을 알아야 응급처치를 할 것 아닌가. 마리가 의견을 말했다.

"독극물에 중독된 것은 아닐까요?"

"독극물? 독극물도 종류가 많을 텐데."

태산이가 말하자, 요리가 자크를 진정시키며 물었다.

"구급대가 오고 있으니 괜찮을 거예요. 어떤 일이 벌어졌는지 말해 줄 수 있어요?"

그러자 자크가 숨을 헐떡이며 힘겹게 말했다.

"미, 미셸이 누, 눈이랑 얼굴에 갑자기 문질렀어요. 뭔가, 헉헉······."

철민이가 의아한 표정으로 물었다.

"눈이랑 얼굴에 문지르는 독극물이 있나?"

요리가 의견을 말했다.

"WC가 새로운 독극물을 만들어 낸 거 아닐까?"

그게 사실이라면, WC는 정말 무서운 집단이다. 그런데 그때, 마리는 번쩍 생각나는 게 있었다.

"얼굴과 눈에 문질렀다면, 혹시 신종 화학물질인 VX가 아닐까요?"

철민이도 생각났다.

"VX? 얼마 전 북한 고위층이 말레이시아에서 살해당할 때 쓰였던 화학물질?"

"네. 그때도 범인들이 피해자의 눈과 얼굴에 약품을 묻혀 살해했잖아요. 그리고 조사 결과 피해자의 얼굴에서 VX 성분이 검출됐다고 밝혀졌고요."

태산이가 놀라 물었다.

"얼마나 위험한 거야?"

"VX는 신종 화학물질 중 하나인데, 현재까지 알려진 독극물 중 가장 유독한 신경작용제야. 중추신경계에 손상을 입혀서 근육마비나 호흡곤란을 일으키지."

요리가 다급하게 말했다.

"그럼 빨리 오염 물질부터 제거해야 되는 거 아냐?"

마리가 대답했다.

"맞아요. 빨리 얼굴이랑 몸을 씻겨서 오염 물질을 제거해야 돼요."

철민이가 얼른 장갑을 꺼내 끼며 말했다.

"태산아, 화장실로 옮기자."

"네!"

태산이도 장갑을 꺼내 끼는데, 마르탱이 들어왔다. 예상치 못한 상황에 놀란 마르탱.

"어떻게 된 거죠?"

철민이가 자크의 상체를 번쩍 들며 말했다.

"VX에 중독된 것 같아요. 시간이 없어요. 빨리 씻겨야 돼요."

태산이가 자크의 다리를 들자, 마르탱도 장갑을 끼고 같이 들며 물었다.

"미셸은요?"

"눈치채고 도망간 것 같아요."

요리가 대답하자, 마르탱이 즉각 무전으로 부하들에게 지시했다.

"미셸을 잡아! 아직 멀리 못 갔을 거야."

철민이와 태산이, 마르탱은 자크를 화장실로 옮겼다. 그리고 재빨리 얼굴과 몸을 씻겼다. 그동안 요리와 마리는 스마트 안경을 이용해 현장 영상을 찍었다.

구급대가 도착했을 때 자크는 어느 정도 안정이 되어 있었다. 요리가 얼른 상황을 말했다.

"신종 화학물질인 VX에 중독된 것 같아요. 일단 응급처치는 했으니 해독제를 주셔야 돼요."

"알겠습니다."

구급대원이 대답하며 자크를 들것에 태우고 나갔다. 마르탱이 말했다.

"우리는 미셸을 추적하겠습니다. 자크를 맡아 주세요."

요리가 대답했다.

"네! 걱정 마세요."

한편, 루이는 차 안에서 안절부절못하고 있었다. CSI가 아파트로 들어간 후 감감무소식인 데다 마르탱이 들어가고 얼마 후에 구급대까지 왔기 때문이다.

'누가 다치기라도 한 걸까?'

더 이상 앉아 있을 수가 없어 차에서 내리는데, 마침 구급대가 들것에 누군가를 싣고 나왔다. 루이는 얼른 달려가 물었다.

"누구예요? 누가 다친 거예요?"

하지만 아무도 대답해 주지 않았다. 그때 마르탱이 나오면서 무전기로 말했다.

"용의자 한 명 독극물 중독으로 병원 이송 중. 다른 한 명 도주 중. 이름은 미셸 카사르. 추적해 잡는다. 오버."

순간, 루이는 너무 놀라 가슴이 내려앉았다. 독극물이라니! 뉴스에서나 보던 일이 실제 눈앞에서 일어나고 있는 것이다. 가슴이 벌렁벌렁 뛰고 다리가 후들거렸다. 그런데 그때 CSI가 내려왔다. 루이가 뛰어가 물었다.

"다들 괜찮으세요? 어떻게 된 거예요?"

마리가 대답했다.

"우린 괜찮아. 미셸이 자크를 VX로 살해하려 했어."

태산이가 말했다.

"자크가 어머니한테 전화한 걸 알고 자기들 위치가 노출되자 보복한 게 분명해."

루이가 놀란 표정으로 말했다.

"미셸과 자크는 친구 사이라고 하지 않았나요? 친구를 어떻게……."

그러게 말이다. WC는 대체 어떤 집단이기에 이렇게 피도 눈물도 없이 잔인하게 구는 것일까?

자크의 고백

CSI는 자크가 이송된 병원에 도착했다. 자크는 해독제를 맞고 있었다. 마리가 걱정스런 표정으로 말했다.

"무사하겠죠? 어머니께 꼭 살리겠다고 약속했는데."

요리의 표정이 어두워졌다. 자크 어머니의 아들을 향한 마음을 너무도 잘 알고 있기 때문이다. 모두 부디 자크가 무사하길 빌었다. 그래야 자크 어머니와의 약속을 지킬 수 있고, 김대한 박사가 어디 있는지도, 또 WC의 정체에 대해서도 알 수 있지 않겠는가.

30분쯤 지나자, 의사가 나왔다.

"아직 의식은 돌아오지 않았지만 고비는 넘겼어요. 응급처치를 잘해 주신 덕분입니다."

마리가 물었다.

"VX에 중독된 게 맞나요?"

"맞아요. 그런데 어떻게 아셨어요? 저희 병원에서도 VX에 중독된 환자는 처음이거든요. 어떤 약품인지 몰랐으면 시간이 많이 지체돼 위험할 뻔했어요."

결국 CSI가 자크를 살린 것이다. 루이는 감동했다. 역시 최고의 CSI다! 그리고 비록 인턴이기는 하지만 자신도 CSI의 일원이라는 사실에 어깨가 으쓱했다.

요리는 자크 어머니에게 전화해 차분히 상황을 전했다. 자크 어머니는 곧바로 병원으로 오겠다고 했다. CSI도 응급실 앞에서 자크가 깨어나길 기다렸다. 그런데 기다리다 보니 루이는 궁금해졌다.

"그런데 VX가 뭐예요?"

마리가 친절하게 설명해 주었다.

"자연에 존재하는 물질이 아니라 화학적인 방법에 따라

인공적으로 만들어진 물질을 화학물질이라고 하거든. 현재 전 세계적으로 약 1,200만 종 이상이 존재하고 있고, 매년 2,000여 종이 새롭게 개발되고 있지. 이렇게 새로 개발된 화학물질을 신종 화학물질이라고 해. 그런데 화학물질 중에는 사람의 건강과 환경에 유해한 것들도 많아. VX도 신종 화학물질 중 하나인데, 현재 알려진 독극물 중 가장 유독한 것으로 알려져 있어."

루이가 놀란 눈으로 물었다.

"얼마나 독한데요?"

"독성이 워낙 강해서 국제사회가 전쟁에서도 사용하지 않기로 합의한 맹독성 화학물질이야. 피부에 직접 닿은 경우, 10밀리그램의 극소량으로도 사망에 이르게 할 수 있지."

루이가 걱정스러운 표정으로 물었다.

"설마 김 박사님한테도 그런 짓을 하는 건 아니겠죠?"

바로 그게 걱정이다. WC의 정체를 알면 알수록 잔인하고 무서운 집단이라는 생각이 들기 때문이다. 어떻게든 빨리 김 박사를 찾아내지 않으면 큰일이 벌어질 수도 있다.

 잠시 후 자크의 어머니가 도착하자, 요리가 함께 응급실로 들어갔다. 자크는 아직 의식을 회복하지 못했지만 그래도 숨소리가 고른 것을 확인하자, 어머니는 울음을 터뜨렸다.

"고마워요. 자크를 살려 줘서 정말 고마워요. 흑흑흑."

"금방 깨어날 거예요. 너무 걱정 마세요."

 요리가 위로했다.

 그렇게 긴 밤이 지나고 막 날이 밝았을 때, 마르탱이 병원으로 왔다. 요리가 물었다.

"미셸은 잡았나요?"

 마르탱이 낙담한 듯 고개를 저으며 대답했다.

"아니요. 놓쳤어요. 자크는 어떻게 됐나요?"

 그런데 바로 그때, 병실 안에서 자크 어머니의 목소리가 들렸다.

"자크! 괜찮니, 자크?"

 다들 병실로 뛰어 들어갔다. 자크는 눈을 뜨고 정신을 차리기 시작했다. 어머니가 다시 물었다.

"정신이 좀 들어?"

자크가 고개를 끄덕이자 어머니가 CSI를 가리키며 말했다.

"이분들이 너를 살려 주셨어."

요리가 말했다.

"깨어나서 다행이에요. 어머니가 걱정 많이 하셨어요."

자크는 눈물을 주르르 흘리며 말했다.

"감사합니다……."

요리가 조심스럽게 물었다.

"정말 미셸이 당신을 죽이려고 한 건가요?"

"어머니께 전화하는 걸 보고 미셸은 우리 위치가 노출됐을 거라며 짐을 쌌어요. 내가 WC에 대한 믿음이 흔들린다고 하자 이젠 나랑 끝이라고 화를 냈죠."

그렇게 아파트를 나가더니 잠시 후 미셸이 다시 돌아왔다는 것. 그러고는 갑자기 달려들어 '조직을 배신한 사람은 처단한다!'라고 외치면서 얼굴과 눈에 뭔가를 문질렀다는 것이었다. 자크는 그 순간의 공포가 떠오르는 듯 온몸을 떨었다. 또 미셸과는 고등학교 때부터 알고 지냈으며, 자크가 사회에 적응하지 못하고 집에 틀어박혀 있기 시작하면서 점차 미셸의 극단주의 사상에 빠져들게 되었다는 것. 그리고 세상에 대한 복수심으로 미셸을 따라 WC의 행동대원이 되었음을 자백했다. 철민이가 물었다.

"김대한 박사는 어디 있나요? 아직 살아 계신 거죠?"

자크가 어두운 표정으로 말했다.

"그건 저도 몰라요. 생드니에 도착하자, 알베르토가 납치할 때 쓴 차는 버리고, 미리 준비한 다른 차에 김 박사를 태우고 갔어요."

"알베르토가 누구죠?"

요리가 묻자, 자크가 대답했다.

"김 박사 납치할 때 차량을 준비하고 운전했던 사람이에요. 하지만 우리 모두 복면을 쓰고 있어서 서로 얼굴은 못 봤어요."

마르탱이 물었다.

"그럼 당신과 미셸, 그리고 알베르토가 납치 사건을 주동했나요?"

"알베르토는 WC의 핵심 단원이고, 저와 미셸은 말단 행동대원이죠. 알베르토가 지령을 받아서 저와 미셸에게 전달했어요."

마르탱이 다시 물었다.

"당신과 미셸이 합성생물학연구소의 연구 자료 삭제 사건에도 개입했나요?"

"네……. 그것도 알베르토가 지령을 전달했어요."

알베르토가 준 가면을 쓰고 연구소의 얼굴인식 시스템을 통과했으며, 드롱 박사 납치 사건은 CSI의 예상대로 경찰의 시선을 돌리기 위한 쇼였다는 것이었다.

"알베르토에 대해 더 아는 것이 있나요?"

요리가 묻자, 자크가 대답했다.

"미셸의 소개로 알게 됐는데, 이탈리아 출신이라는 것과 열렬한 WC 추종자라는 것, 그리고 이름 정도밖에 몰라요. 물론 알베르토가 가짜 이름인지도 모르지만요."

그럼 이제 미셸과 알베르토를 찾아야만 한다. 그들이 또 다른 범행을 저지르기 전에, 그리고 김 박사가 큰일을 당하기 전에. 자크에 대한 조사는 일단 그렇게 마무리됐다. 자크는 몸이 회복되는 대로 체포되어 죗값을 치르게 될 것이다.

그런데 CSI와 마르탱이 막 병실에서 나왔을 때였다. 요리의 휴대전화에서 문자 알림음이 들렸다. 요리는 문자를 확인하더니 깜짝 놀라며 소리쳤다.

"WC가 문자 메시지를 보냈어요!"

모두 화들짝 놀라 요리의 휴대전화를 쳐다보았다. 정말 WC가 보낸 문자 메시지가 있었다.

CSI 특별수사단. 생각보다 놀랍군. 신종 화학물질이 얼마나 위험한지 직접 눈으로 확인한 소감이 어때? 오늘 본 것이 바로 과학과 기술의 발달로 인류가 처하게 될 현실이야. 지금 이 순간도 신종 화학물질에 의해 수많은 사람들이 죽어 가고 있어. 그러니 화학물질을 개발하는 일을 당장 멈춰! 그러지 않으면, 김대한 박사도 같은 위험에 처하게 될 거야.

모두 사색이 됐다. CSI가 자크를 살려 낸 사실까지 WC는 이미 알고 있다는 뜻. 뿐만 아니라 요리의 휴대전화 번호까지 알고 있다니! 어딘가에서 계속 CSI를 지켜보고 있는 것이다.

알면 알수록 무서운 WC. 진짜 정체가 뭘까? 과학과 기술의 발전이 위험하다고 경고하면서 오히려 첨단 과학 기술을 이용한 범죄를 서슴지 않고 저지르고 있다. 또 앞으로도 얼마나 더 끔찍한 범죄를 저지를지 예측할 수가 없다.

CSI 특별수사단, 과연 WC의 정체를 밝혀내고 김대한 박사를 무사히 구해 낼 수 있을까?

어린이 과학 형사대 CSI특별수사단
천재 과학자 납치 사건

초판 1쇄 발행 2018년 5월 4일
초판 3쇄 발행 2020년 9월 17일

글쓴이 고희정
그린이 김준영

펴 낸 곳 (주)가나문화콘텐츠
펴 낸 이 김남전
편 집 장 유다형
편　　집 이보라
디 자 인 정란 외주디자인 손성희
마 케 팅 정상원 한웅 정용민 김건우
경영관리 임종열 김하은

출판 등록 2002년 2월 15일 제10-2308호
주　　소 경기도 고양시 덕양구 호원길 3-2
전　　화 02-717-5494(편집부) 02-332-7755(관리부)
팩　　스 02-324-9944
홈페이지 ganapub.com
이 메 일 ganapub@naver.com

ISBN 978-89-5736-957-9 (74810)
　　　978-89-5736-958-6 (세트)

* 책값은 뒤표지에 표시되어 있습니다.
* 이 책의 내용을 재사용하려면 반드시 저작권자와 (주)가나문화콘텐츠 양측의 동의를 얻어야 합니다.
* 잘못된 책은 구입하신 서점에서 바꾸어 드립니다.
* '가나출판사'는 (주)가나문화콘텐츠의 출판 브랜드입니다.

이 도서의 국립중앙도서관 출판시도서목록(CIP)은 서지정보유통지원시스템 홈페이지(http://seoji.nl.go.kr)와 국가자료공동목록시스템(http://www.nl.go.kr/kolisnet)에서 이용하실 수 있습니다.(CIP제어번호: CIP2018011444)

- 제조자명 : 가나출판사
- 주소 및 전화번호 : 경기도 고양시 덕양구 호원길 3-2 / 02-717-5494
- 제조연월 : 2020년 9월 10일
- 제조국명 : 대한민국
- 사용연령 : 4세 이상 어린이 제품